東大卒でも貧乏な人 高卒でも成功する人

吉永賢一

SOGO HOREI PUBLISHING CO., LTD

はじめに

本書では、「貧乏人」という言葉がかなりたくさん出てきます。それに対して不愉快に思う方もいらっしゃるでしょう。

「貧乏人」とは、まず第一に、「お金を（たいして）もっていない人」のことです。

しかし、それを指摘したところで、その人の人生がよくなるわけではありません。

肝心なのは、**「貧乏」という状態は、「貧乏発想」という原因によって生じている**ということです。

だからこそ、「今」貧乏な人も、その人の中の貧乏発想に気づき、変わることで、その状態を脱することができます。

しかも、お金において貧乏という状態は、さらに、その他の「貧しさ」の結果であることが、ほとんどなのです。

もちろん、私が言う貧乏人とは、単に「お金を（たいして）もっていない人」のことではありません。ですから、はじめに、貧乏人の定義をしておきます。

貧乏人の定義

私の考える「貧乏人」とは、現状維持を選択する人のことです。

現状維持の、いったい何が貧しいのでしょうか？


私たちは、今、生きています。

このときに、二つの生き方があるのです。

一つは、「ただ、生きている」という生き方です。

状況をただ受け入れて、文句を言う。このような発想が、貧乏発想です。

もちろん、少しは、状況を変えるために努力をします。ただ、それは見せかけであって、心の深いところでは、あきらめているのです。


もう一つ、「成功者の発想」があります。

これは、生きたいように生きるために、自ら、まわりにはたらきかけてゆく考え方です。

この「はたらきかける力」の貧しさが、貧乏の根本なのだということを、私はついに理解したのです。

貧乏発想との出会い

私は、あまり収入が高くない地域に生まれました。

家がないほどではありませんでしたが、子供の頃に育った借家では、廊下は腐って穴が空いていました。そこに足を入れると、トゲがささって危ないので、注意して歩かなければなりません。

お風呂の壁の下は隙間になっていて、裏のドブに直接お湯を流していました。隙間がありますから、虫やザリガニが、ふつうにお風呂に入ってきます。

このような環境でしたので、小さいときに、比較的貧乏な人たちの話を聞く機会に恵まれていました。

そのときに、貧乏な人には、この現状維持の発想、「あきらめる」発想が強いことに気づきました。

私は、あきらめたくありませんでしたが、そのようなことを言うと、「大人になれば、わかるよ」と、たしなめられて育ったのです。

そのような中、『学問のすすめ』（福沢諭吉）や『自助論』（サミュエル・スマイルズ）に元気づけられて、まず、頭をよくしようと考えました。

私の母は、その後、人生に希望を失いますが、この時点では、まだ子供に可能性を見ており、その時期に母から影響を受けることができたのも、ラッキーでした。

その後、私自身が、貧乏から脱しようとする中で、私の中にある「貧乏発想」の影響の強さを実感しました。望んでいるつもりはなかったのですが、いつの間にか、私の中に深く入っていたのです。

そこで、小さい頃の見聞と、その後の観察を合わせ、「貧乏発想」への理解を深めることにしました。そしてそれを自らの中に発見し、除外するプロセスを実行しようと計画したのです。

東大卒でも貧乏な人

私自身が東大に入りましたので、まず注目したのが、「東大卒でも貧乏な人」です。せっかく東大を出たのに、貧乏であるとは、どういうことでしょうか？

きっと、そのような人は、「貧乏発想」を強くもっているにちがいないと目をつけました。そのような意識をもってみると、「東大卒でも貧乏な人」が、けっこういることに気づきました。

私は、小さいときには、「東大に入れば、将来安泰だ」のようなことを言われて育ちました。しかし、事実は違ったのです。

わざわざ探さなくても、東大で自然に過ごしているだけでも、「東大生でも貧乏な人」「東大卒でも貧乏な人」に会う機会が、けっこうありました。

そのような人の言動と、私の幼少時の周囲にいた貧乏な人たちの言動を重ね合わせ、「ここが貧乏発想だろう」と抽出する作業を続けました。

高卒でも成功する人

また、逆に、小卒や中卒や高卒でも成功している人たちにも興味をもちました。

当初は、まわりにいませんでしたので、本の著者さんから探しました。大きな影響を受けたのが、松下幸之助さんと斎藤一人さんです。

次に、二つの計画を立てました。

一つ目の計画は、比較的高額の時給で家庭教師をやること。「家庭教師に高額を払う親御さんには、成功者が多いだろう」と考えたのです。

二つ目の計画は、単価が高い不動産の営業をすることです。何億円もする物件を買える人に会えば、成功者の発想を知ることができるだろうと考えました。

このようなことを考えて生きているうちに、知り合いの知り合いに、富豪が登場しました。そもそも、「富豪」は、世界にもあまりいない希少種です。

そこで、その人のエピソードからも、かなり影響を受けました。

この頃には、私も都内でも有名なレストランなどで食事をするようになっていましたから、そこで聞いた「お金持ちのエピソード」にも、影響を受けました。

これらの具体事例と思索により、貧乏発想の理解が進みました。

貧乏人自体は、社会にたくさんいますので、サンプルには事欠きません。このようなことを続けているうちに、「貧乏発想を把握した」という感覚が生まれ、私自身の収入も10倍以上になり、さらに増えていったのです。

あなたも、貧乏発想から脱出してください

本書では、「貧乏発想」が、「よくあるかたち」としては、どのように多くの人の生活に現れているかを紹介してゆきます。

なぜ、それが貧乏発想なのか、説明が不十分に思える箇所もあるかもしれません。読みやすくするために、小難しい話を避けているからです。

そうです。本書は、「理論体系がしっかりしている」というよりは、「楽しく読んで、役に立つ」という方向性を指向しています。

より楽しく読めるように、刺激的な表現を、あえて使ったりもしています。

すべて、あなたを助けるためです。

貧乏発想の二つの軸

貧乏発想の根本は、先ほど書いたように、**「周囲にはたらきかける力が弱く、あきらめて放っておく」**ことにあります。

これを縦の軸とすると、横の軸があります。

それは、**「まわりの人のことを考えず、自分のことばかり考えている」**ということです。

もちろん、一般的にも、「人の気持ちを考えなさい」ということは、教えられてはいます。しかし、ほとんどの場合において、それは「ウソの教え」になっているために、聞き流されているのです。

たとえば、大人が子供に、「人の気持ちを考えなさい」と言いますが、その大人は、子供の気持ちを考えずに、そう言っています。

多くの親や先生たちが、「人の気持ちを考えなさい」と言うときに、実は、親自身の都合や、先生自身の都合を考えているにすぎません。こうして、貧乏発想が伝承されてゆきます。

なぜ、これが「横の軸」になるのかというと、私たち人間にとって、もっとも大切な環境は「周囲の人間」だからです。そして、そこを「放っておいて」いるからです。

この「放っておく」パターンにも二つあり、「気がついてない」場合と、「気を回してはいるが、自分の望む方向に変化させようとはたらきかけていない」場合があります。

さらに、その中には、「自分の望む方向に変化させようとしているつもりで、現実的に有効な行動をしていない」場合があり、これは、本人は「やっているつもり」になりやすいから、貧乏にはまりやすいのです。

不平不満を言ったり、マイナス感情を出すことが問題というよりは、「それを解決策と誤解している」ところに問題があるのです。

本書を読んで、「なぜ、これが貧乏発想なのか？」がよくわからないときは、これらの観点を参考に考えてみてください。

たとえば、貧乏人と成功者にはこんな違いがあります。

▼貧乏人は責任逃れが大好き。成功者は積極的に責任をとる

▼貧乏人はガラクタを選び、成功者は本物を厳選する

▼貧乏人はできない理由を100あげ、成功者はできる理由を100考える

▼貧乏人は価値がわからないが、成功者は価値がわかる

▼貧乏人はストレスを発散し、成功者は愛を発散する

▼貧乏人は「お金は使えば減る」と考え、成功者は「お金は使えば増える」と考える

▼貧乏人はできもしないことを言って期待をあおり、成功者は常に期待を超える

ざっとあげただけでもこんな感じですが、本書でもっと詳しく書いていきます。

貧乏人の対義語

「貧乏人」の対義語として、「お金持ち」という概念は範囲が狭いです。

お金持ちというのは「状態」です。たとえば、宝くじに当選すれば一時的にお金持ちになるかもしれません。でも、その人が「貧乏人」なら、どっちにしてもそのお金はロクでもないことにしか使われません。ロクでもないことに使ったらお金は減りますから、結局、貧乏になってしまいます。

もちろん、その背景には「貧乏発想」があります。

本書では貧乏人の対義語として、「**成功者**」という単語を使っています。

「成功人」としていないのは、慣用もありますが、「者」には、「意識的に事を起こし、環境にはたらきかける」というニュアンスがあるからです。一方、「人」には、「人体」というニュアンスがあります。

本書では、「貧乏」というのは状態を表す言葉で、「貧乏人」というのはその時点でのその人のあり方を指す言葉です。

つまり、**成功者は貧乏の中にいても、成功**します。

貧乏人はお金の中にいても、お金が当たっても、お金を相続しても貧乏になります。

読者のみなさんにはぜひ、成功者になってほしいと思って、本書を書いています。

成功者の定義

私の考える成功者とは、夢を現実化する今を生きている人です。

夢というのは、理想のことです。ですから、成功者は理想を抱いていますし、それを現実化するための今を生きているともいえます。もちろん、だからといって、生きている間にすべての夢を実現できるわけではありません。

むしろ、「自分だけのことを考えていない」以上、自分の一生に限定していません。

一方、貧乏人は、「自分が死んだあとのことは、関係ない」などと言います。

自らが死んだあとでも、そのあとの人たち、次世代以降の人たちが自らの夢を引き継ぐかもしれませんし、それらの人に貢献することも可能です。

よく、「成功者は巻き込む力がある」とか、「成功者は自分以外の人を動かすのがうまい」と言いますが、そういう言い方は貧乏人の勘違いです。

そんな、「人を動かす」という気持ちで人間関係を築いても、真剣にまわりの人が協力してくれるなんてことはありません。

たしかに貧乏人から見たら、成功者というのは、まわりの人を巻き込む力があるかのように見えるでしょう。しかし、それは、まわりの人を巻き込んでいるというよりも、成功者自身が抱いている理想のビジョンが、そもそも自分だけのものではないからです。

もちろん、自分もやるべきことはやるし、自分も幸せになっていきますが、通常、**成功者の理想ビジョンには、まわりの人の幸せな姿も入っている**のです。

そして、「成功者」の対義語は、「失敗者」ではありません。

そもそも「失敗者」という単語は、一般にも、あまり使われません。なぜ失敗者が成功者の対義語ではないか。それは成功者もたくさんの失敗を経験しているからです。

つまり、成功者とは、同時に失敗者でもあります。

自らの現実を理想化していく過程の中で、当然、失敗はたくさん起こります。失敗というのは、一時的現象のことですので、成功者もたくさんの失敗をくぐり抜けて、そしてそれらに潰されずに夢を叶え続けるのです。

そして夢を叶えたら、またすぐ次の夢を叶えていくのが成功者です。

貧乏人は夢を現実化する今を生きずに、夢を想像して、あるいは夢を口にするだけで気持ちよくなり、夢を夢に終わらせて、現実逃避しています。

理想を現実化する今を生きるのが成功者。

この定義を覚えておくだけでも、あなたの生き方が進化すると思います。

吉永賢一

第1章 ▼▼ 貧乏人の特徴

第2章 ▼▼ 貧乏人の口癖

第４章▼▼成功者になるために

編集協力／髙関進、中野健彦（ブックリンケージ）
装丁／二ノ宮匡（nixinc）
本文デザイン／磯辺奈美（Dogs Inc.）
DTP／横内俊彦
校正／矢島規男

第1章 ▼▼ 貧乏人の特徴

貧乏人の特徴はたくさんありますが、
その中から、変えるだけで貧乏発想を減らす
はたらきが特に強い特徴を優先して載せてゆきます。
貧乏発想が、貧乏人の特徴を生むのですが、
その特徴を変えることで、
発想を変えてゆくことも可能だからです。
自分にもある貧乏人の特徴に気づけば、
直すことができます。
それを日々積み重ねていけば、
貧乏発想から抜け出せるようになります。
また、貧乏発想を具体的に知ることで、
発想そのものを変えてゆくことも、十分可能です。
これらは、自らを変え、高めていくためのヒントといえるのです。

貧乏人の特徴 ❶

出しっぱなし

貧乏発想の人は世の中にたくさんいます。そして、「そこから出たい」と思っている人も多いはずです。

たとえば、「どうも自分は貧乏性だな」「なんか人生、豊かになっていかないな」「がんばってるのに、なんでうまくいかないんだろう」という人は、その「貧乏性」の原因を知りたくはありませんか？

せっかくがんばっても、「貧乏性」という性質が、上に行くのを邪魔してしまうと感じるのであれば、あきらめる必要はありません。

では、どうしたらいいか？　それは実にシンプルで、**貧乏人の特徴や口癖（第2章）**

を知り、もし自分に思い当たるところがあったら、直していけばいいわけです。

貧乏性というのは、変えられないものではありません。あくまでも、「貧乏発想」の結果にすぎませんから、発想を変えることができるなら、貧乏性も変えることができます。

貧乏人の特徴の一つは、「出しっぱなし」です。これは、まさに、現状維持を選択する貧乏発想の象徴といえるでしょう。

物を出しっぱなしにする人にも、言い分があります。ほぼ例外なく「だって、また使うから」と言うわけです。また使うのであれば、次回使うときの状況を想定して、使いやすいようなコンディションにしておくのが適切です。

たとえば、料亭やレストランでは毎日料理しているわけですから、当然、明日も明後日も道具を使うわけです。

目の前でつくってくれているとき、「明日も使うから」と言って、包丁などが出しっぱなしにされていたら、どう思いますか？　もし、出しっぱなしにしている店があるとして、そういうところに高いレベルの人たちが食べにくるでしょうか？

また使う。だからこそ、次も同じところから始められるよう初期状態に戻し、原状回復をする。

本当にすぐまた使う場合は「出しっぱなし」にも意味がありますが、**次のタスクに入るときには片づける**。しかも、できれば「磨いて（きれいにして）」片づける。そして、初期状態、ニュートラルポジションに戻しておく。補修が必要であれば補修する。補充が必要であれば補充する。

出しっぱなしにすれば、未来の状態が悪くなります。また、未来に、「やるべきこと」を増やすことにもなります。

これは、タスクにおいて、借金を重ねるようなものではないでしょうか。

「今の自分」が、「将来の自分」のことを考えていないと言うこともできると思います。つまり、出しっぱなしが習い性になっている人は、自分で自分の未来をダメにしているのです。

貧乏人の特徴 ❷

自分で考えない

貧乏人の特徴の一つが、「自分で考えない」です。つまり、頭を使うのが嫌いで、なるべく頭を使わないですまそうとする。

これも結局、与えられたものを最大限に活用していこうという意識が低いからです。

貧乏人はわからないことがあっても調べるわけでもなく、考えるわけでもない。調べないから知識も増えませんし、考えないから頭もよくなりません。そして、自分で考える力がないから、問題に直面しているときにも判断ができない。

仮に判断したとしても、データも少ないし、頭もよくなっていませんから、間違ってしまう。そんなことをしていたら、豊かになっていけるはずがありません。

一方、成功者は自分で考え、他人に質問もするわけですが、質問の仕方も貧乏人とは違います。

貧乏人が「なんでですか？」と聞くときは、考えていません。考えないで、あるいはちょっと考えただけで「わからないから」と、もう質問しちゃうんです。

成功者が質問するときには、「参考情報を取るための軽い質問」という場合と、「自分自身も考え抜いて、それから師匠のような立場の人、かなり深く考えている人に質問する」という場合があります。

後者のときには一種の緊張感みたいなものがあります。なぜなら、くだらない質問をして、「こいつバカだな。考えてないな。貧乏人だな」と思われたら、関係性が壊れてしまうからです。

そういうこともわからないで、思いついたことをポンポン質問しているような人が、ずっと貧乏なわけです。しかも、貧乏人は、質問しても、その回答を、きちんとは聞いていません。

そのような人に対して、真剣に答えるのは、バカバカしくなってしまいます。

質問するときには自分で考えたり、調べるのは当たり前のことです。何か疑問に思ったら調べる。そして考える。

こういったことをどこまで徹底して生きているかで、頭のよさも変わりますし、知識の量も質も、判断の頻度も質も変わります。そして行動の量も質も変わりますから、人生がどこに進んでいくかも大きく変わるのです。

貧乏人の特徴 3

責任逃れをする

「自分のせいじゃない」「自分は悪くない」――貧乏人は責任逃れが大好きです。

ですから貧乏人の共感を得ようとしたら、「あなたは悪くないですよ」「あなたのせいじゃないですよ」と言えば喜ぶわけです。

とにかく、自分の人生の責任が自分にあると考えていません。

「お金がないから」「時間がないから」「今日が何曜日だから」「もう何歳だから」「まだ何歳だから」「男だから」「女だから」「英語ができないから」「数学ができないから」などなど、できない理由をいろいろ持ち出してくるのも大好きです。

その背後には、「なるべく責任逃れをしたい」という発想があります。

一方、成功者は、自らの人生の責任は自らにあることを理解していますから、**積極的に責任をとっていきますし、それがよい生き方だと考えている**わけです。

貧乏人は責任逃れが好きですし、そして実際、自分に責任があると考えていません。なぜなら、自らの力、自らの命の力がものすごく小さいと考えているからです。

あなたが成功者になるなら、自分の人生に、自分の行いに、積極的に責任をとるようにしましょう。

貧乏人の特徴 4

できない理由ばかりあげる

貧乏人は、できない理由ばかり話します。

「○○だからできません」「××なのでできません」「○○だから無理です」

そういう理由をみつけるときは脳がやる気を出して、頭がグルグル回転し、次から次へと素晴らしいアイディアを思いつき、できない理由をどんどん並べ立てられるわけです。

先日、すきやばし次郎の六本木ヒルズ店に行ったとき、大将の隆士さんがこんな話をしてくれました（あくまでも私が感じたことですから、このあとの内容の全責任は私にあるわけで、ここから先はあくまで私の話として聞いてください）。

隆士さんがおっしゃっていたのは、**「できないやつは、できない理由を100個言う」**です。

たとえば、1日に100個は言えないとしても、「○○だからできない」「××だからできない」というように、毎日地道に積み重ねていくうちに、できない理由が100個になってしまう。そういう積み重ねをやっているのが、「できない人」というわけです。

「できない理由を100個考える代わりに、できる理由を100個考えたらどうなんだ」と、隆士さんは言っていました。

「できない」と思ったとき、「悔しい！　どうやればできるのか」「こうやればできるんじゃないかな」と考えて工夫し、改善して取り組んでみる。

できない理由を100個考える時間と頭があるのなら、その頭と思考エネルギーと時間を使ってできる理由を考え、工夫し続ければ、できるようになるかもしれない。

できない理由を100個考えたところで、できるようには絶対になりません。

隆士さんのお鮨は私にとって、本当においしい。普通の「おいしい」ではなく、その普通のゾーンを超えたさらに上の領域に入っていると私は感じているので、毎回感動します。

「**できる理由を100個考える**」という話を聞いて、100のできる理由、1000のできる理由、1万のできる理由を積み重ねた結果が、このお鮨なんだな、と思いました。

貧乏人の特徴 5

教えたがる

これはすべての貧乏人が、というわけではありません。エネルギーがムダにあまっているタイプの貧乏人がやりたがることの一つが、「教えたがる」です。

これは、上と下（成功者と貧乏人）とで似て非なることで、上のほうの成功者たちもいろいろ教えてくれますし、導いてくれます。

それは自らの実績と経験の上に立って教えてくれるわけですが、貧乏人は実際には自分はやっていないのに、「こうすればうまくいくはずだ」とすごく偉そうに教えるのです。

本来の「教える」順序としては、①まず自分の命をかけて実証し、②それからほかの人に教える、というのが正しい順番です。成功者はこれにあてはまります。

しかし貧乏人は順番を守ることが大嫌いですから、途中の過程をすっ飛ばして、先のほう、上のほうを真似します。

貧乏人は教えたがる。成功者は自分でどんどんやる。もちろん、成功者も教えてくれますが、貧乏人の特徴は自分でやらずに教えようとするということです。

これは人を使う場合も同様で、貧乏人は自分がやらないで人にやらせようとします。

貧乏人が偉そうにゴロゴロしている間に、成功者はどんどん仕事をやっていくわけですから、差もどんどん開いてしまうのは当然です。

行動力があることは、成功者の前提の前提なのです。

貧乏人の特徴 6

仲間を連れてくる

これも、暇でエネルギーがあまっているタイプの貧乏人の特徴です。群れるのが基本なので、すぐ仲間を連れてきます。

どうして仲間を連れてくるかというと、「一人では怖い」「不安だから」です。自信がないから一人で行けない。それから、「この人のためになると思ったから」と、善意で仲間を連れてくるケースも多いです。

仲間がいることは素晴らしいことですし、仲間を助けることも素晴らしいことだと思います。

ところが、これもやはり上と下は似て非なるもので、下の人たち、貧乏人が言う「仲間」とは、自信がない者同士の群れです。

成功者の「仲間」は、お互いに自信満々です。お互いに尊敬し合っている関係が結ばれています。そして、尊敬できなくなれば、すぐに関係が切れます。

貧乏人が言う「仲間」と成功者が言う「仲間」の最大の違いは、成功者の仲間は、付き合うことにメリットがあることです。

これはものすごく大事ですから、もう一回言います。**成功者が言っている仲間とは、付き合うとリターンがある相手**ということです。

一方、貧乏人の仲間は、付き合ってもたいしてメリットがありません。仮にメリットがあるとしても、それは傷をなめ合ったり、寂しさを紛らわしたりというタイプのリターンです。

これを言い換えれば、相手にメリットやリターンを与える力がない人たちが群れている、ということです。だから貧乏人が仲間を連れてくると、連れてこられた側からすると、リターンをもたらさない人が倍増することになるので、非常に迷惑です。

仲間を連れて行くことで、あなたがチャンスを逃す場合があります。

たまたま何かのメリットをあなたに感じた成功者に誘われた場合、つまり自分より上の人に誘われた場合、仲間を連れて行くと、あなたがもっていたメリットが打ち消されてしまいます。それでチャンスを逃す。

メリットのない人を連れてきたり、メリットがない人と付き合うのは、「嫌われたくない」「関係を捨てられない」という、典型的な貧乏人の性質ですから、気をつけてください。

貧乏人の特徴 7

来ない

「貧乏人は仲間を連れてくる」というお話をしました。一人だと自信がないのか、せっかく上の人に誘われても、どうでもいい余計な人を連れてきてチャンスを逃します。

これに似たパターンとして、「汚い格好で来る」というのもあります。

貧乏人は来るときでも、余計な人を連れてきたり、汚い格好で来る――チャンスを潰す気満々なのです。

もちろん、実際には、貧乏人は「誘われない」場合が多いです。だから「誘われていない」「来ちゃダメ」と言われている場合にもホイホイ行ったほうがいいんだよ、という話ではありません。それは、積極性とはいいません。「値しない場所に行って汚す」のもまた、典型的な貧乏人の性質です。それどころか、**「誘われても来ない」という、意味がわからない判断をする貧乏人が多い**ということなのです。

上の人、自分より成功している人や自分より稼いでいる人が、その人のことを思って、誘ってくれているのに来ない。その理由というのが、本当にバカバカしくて、「時間がない」「お金がない」とか、「家族が……」「仕事が……」といった理由です。

そんな考えでチャンスなど掴めるはずがありません。

一方で**成功者は、重要な場には必ず**います。

そして、貧乏人などよりは、もっとはるかにたくさんのこと、10倍、100倍、「そんなのできっこないだろう」と思うくらいの仕事をやっているのが普通です。

それなのに、どうでもいいようなことしかやっていない貧乏人が、時間などを理由にして、来ないんです。

つまり、貧乏人と違って、成功者はお金も時間も作り出しているということです。しかも涼しい顔で仕事をこなしているのが成功者です。

貧乏人の特徴 8

価値がわからない

「貧乏人は来ない」とお話ししました。

貧乏人がなぜ来ないかというと、成功者に会うということの特別な価値を理解していないからです。貧乏人は、価値がわかりません。**価値判断基準がものすごく間違っているから、いつまでも貧乏**なんです。貧乏人が自分の意見に固執するのも、成功者が言っているような意見より、自分の意見のほうが価値があると誤認しているからです。

たとえば、一緒に食事をしていても、価値を理解することができない人は、お店の人に対する態度も悪いですし、汚い服を着てきますし、くだらない話題をふってきますし、雑な大声でどうでもいい話をします。そして何より、味とか盛り付けの価値がわからないので、ものすごく粗雑に扱うのです。

それで「おいしい」「マズイ」を言うのですが、それは貧乏人の感覚にすぎません。何をおいしいと感じて何をマズイと感じるかでセンスの実力が現れるということが全然わかっていないのです。

ですから、自信満々に「おいしい」「マズイ」と言って、「好き嫌いは人それぞれだからね」などと相対的な話をするのが大好きです。

成功者は、味がわからない人、感動を共有できないような人を誘おうとは思いません。ですから、これは、ぜひ、ノートでもメモ帳でもいいので書いておいてほしいのですが、

「価値がわかる＝成功者」

これはものすごく大事なことです。

また、成功者は、その人が価値がわかっているかどうか、一瞬で見抜けてしまいます。成功者の観察力というのは、ものすごいのです。

貧乏人は、それらもナメていることが多く、「言わなければわからない」と、高をくくってリラックスしています。

実は、**価値がわかること自体が価値**なんです。「価値がわかる人には教えたい」「価値がわかる人は誘いたい」と、成功者は思うのです。

価値がわからない人を誘ってもしょうがないので、価値がわからない人はだんだん声がかからなくなっていきます。そして価値がわからない者同士で盛り上がるというパターンが多くなります。価値がわからない者同士ですから、「たいしたことないよね」とバカにしながら、盛り上がります。

これもまた、貧乏人が貧乏人と群れている大きな理由の一つだと思います。

現在の状態としては、収入や生活が貧乏ゾーンにいるとしても、価値がわかる人は、性質としては成功者ですから、いずれ状態のほうが追いついてきて、状態も成功者になるはずです。

世間でよく言われている「引き寄せ」ではありません。あれは本当にどうしようもない、貧乏人同士のくだらない迷信です。「想えば叶う」と言って、現実逃避しているに過ぎません。

あなたがやるべきことは、価値観を高める、価値を理解できるようになることです。それには、何が価値かを学ばなければなりません。ヒントとなるのが、上の人のライフスタイルや発言です。そして、あなたは思索して、何が価値あるものか、見解を高めてください。

価値がわかれば、それこそ価値あるものを引き寄せることができるようになるわけです。このニュアンスとしては、「引き寄せ」というより、「学ぶ機会に、誘われるようになる」という感じです。

引き寄せで「自分のところに来い」というのは、傲慢な貧乏人の考え方です。

成功者は主体的に生きて、自ら行動するわけです。価値があるものに近づいていくということも、もちろんしています。扉をノックして、そして、開いてもらえるように、自らを高める努力を続けているのです。

貧乏人は自信満々ですから、たとえば、高価なもの、価値あるものを体験しても「何がいいのかわからない」「たいしたことなかった」などと、そのものの価値もわからずに言い放ちます。そうやって自己を正当化しながら、毎日威張って生きているわけです。

そういう人は、たとえお金をもっていたとしても貧乏人なのです。

貧乏人の特徴 9

思わせぶり

相手に期待させようとしたり、すごそうなことを言う性質をもっているのも貧乏人の特徴です。

つまり成功者の大原則、「期待は常に超えなければならない」を最初から捨てているわけです。期待を上げたうえでそれを超えたら最高です。また、期待を上げなくても、そもそもの期待を超えるのが成功者です。

しかし、貧乏人というのは、なんのためにやっているか意味がわからないのですが、期待を上げておきながら、実際はダメダメだったりします。だから余計に失望させられる。

思わせぶりなことをしなくても、**実力があれば、底からにじみ出てくるような、放出されるような光が感じられる**はずです。

貧乏人は、たとえば、「すごいことに気づきました！」とか言いながら、その内容を言わない。聞くほうからしたら、時間のムダです。

しかも、実際に内容を聞いてみると、たいしたことがない。

もちろん、これも上と下とが似ており、上の人、成功者がサービスとして思わせぶりにすることはありますが、当然それ以上の期待に応えることが前提にあります。

貧乏人の思わせぶりは、自分の運勢をますます悪くするだけです。

貧乏人の特徴 10

愛ではなくストレスを発散する

貧乏人が愛を発散する、という話を聞いたことがありません。貧乏人はストレスを発散します。そして考えるまでもなく、ストレスなんて発散されたら、まわりが迷惑です。そういうことを堂々とやるから、ずっと貧乏なわけです。

そもそもストレスを発散するとはどういうことかというと、普段からストレスが溜まる生活をしているということです。

なぜストレスが溜まるのか。貧乏人は因果関係を考えることがありませんから、ストレスが溜まったら、「どこでストレスが発生してるのかな。その原因を取り除こう」とは思いません。

原因を取り除こうとしないで、発散しようとする――さすが、貧乏発想に染まっているだけのことはあります。

私が見る限り、**多くの人のストレスの原因は、「やりたくないことをやっているから」**。ここに尽きると思います。

「やりたくないことをやる」の逆は、「やりたいことをやる」ですが、貧乏人は心も弱いのでこれがなかなかできません。「勇気が足りません」がその理由です。

しかも、やりたいことのレベルも低い。

やりたいことというのは、基本的には〝死ぬほど好きなこと〟です。死ぬほど好きで、世の役に立つことをやることが「やりたいことをやる」です。

たとえば、日本料理店・龍吟《りゅうぎん》の山本シェフは、「ストレスはマイナス」だそうです。料理が好きで好きでやっているから、仕事をするとストレスが溜まるどころか、どんどん元気になるとおっしゃっています。

一方、貧乏人は、やってもやらなくてもどっちでもいい、「どうでもいいこと」をやっています。そして、ストレスを溜めていますが、「どうでもいいことをやろうとするな、中途半端なことをやろうとするな」ということです。

もっと言えば、どうでもいいこととか中途半端なことが残っているというのは、価値観の磨き上げがまだ弱いということです。

価値観を磨いていけば、死ぬほど好きなことと、死ぬほど嫌いなことというように、バッサリと分かれるはずなんです。

「死ぬほど好きなわけでもないし、死ぬほど嫌いなわけでもない。どっちでもいいよ」みたいなものが残っているということは、価値判断ができていないということです。

そんな自分が悔しくないのが貧乏人です。

貧乏人は、自分が本当に好きでやりたいことをやるのではなく、みんなと同じことをやりたくて、それでストレスを溜めているのです。そして「ストレス発散だ」と言っているんです。

そもそも私たちは、好むと好まざるとにかかわらず、毎日、毎時間、毎分、毎秒、命を使って生きています。これは否定しようがないことです。

日々、命を使っているわけですから、死ぬほど好きなことをやるしかありません。死ぬほど好きだということは、命と交換してもいいということです。

だって、「死ぬほど好き」なんですから。

死ぬほど好きなことをやっていなくても、命を使っているわけです。だから、**死ぬほど好きなことをやらずに生きている人は、ストレスが溜まる**に決まっています。

それでストレスが溜まる生活となり、ストレスを発散したくなるわけです。

ということは、愛が溜まる生活をしていたら、愛を発散したくなるはずです。

貧乏人は、ストレスが溜まる生活をしているから、ストレスを発散したくなる。

成功者は、愛が溜まる生活をしているから、愛を発散したくなる。

愛が溜まる生活とはどういう生活かといえば、感謝の生活です。感謝の生活は、一日一日を真剣に美しく生きるところから始まります。言い換えれば、「やりたいことをやる」ということです。

そうしたときに、必ず誰かの助けを得るからです。そこに、感謝が生まれます。

貧乏人は、「おれが金を払ったんだぞ！」と威張っていますから、美しい生活を助けてくれるはずの人たちに対しても、感謝がありません。そこでもやはり、ストレスを発散しています。

一日一日を真剣に生きるということは、死ぬほど好きなことしかやらないということです。

愛が溜まる生活とは感謝の生活ですが、もしあなたが愛を発散すれば、相手の心の中にも、感謝が生まれます。それは本当にすごいことだと思います。

だけど、貧乏人が愛とか感謝の話を聞くと、例によってグイッとねじ曲げて、不満な状況をムリして感謝するような話になってしまいます。

そうではなく、「やりたいことをやる」ことによって、感謝をつくりだしてゆくのです。

貧乏人の特徴 11

いい人になりたい

成功者は、貧乏人から「いやなやつ」と言われる運命です。どんなに成功していても、必ず「あいつはいやなやつだ」「あいつは悪いことをしているんだ」などと批判する人がいます。

このような事実を観察すると、成功者が貧乏人から、あるいは貧乏人だけではなくほかの成功者からも「いやなやつ」呼ばわりされることには普遍性があり、運命であるといえるでしょう。

一方、貧乏人は、あまり「いやなやつ」呼ばわりされることがありません。それはその人がすぐれているからではなく、すぐれていないので目立たないからです。単にその人のことを知らないから、否定する人が少ないわけです。

ほとんどの貧乏人は、いい人になりたい、あるいはいい人と思われたいと考えています。

ところが成功者というのは、一部の熱い支持者からを除いては、かなりひどいことを言われる運命です。**「いい人になりたい」とか、「すべての人に好かれたい」「否定されたくない」などと思っている人は、最初から成功できない**のです。

誰かの目につくというだけで、否定されることは確実ですから、「いい人になりたい」「批判されたくない」という人は、どんどん引きこもっていく傾向にあります。

だからますます、成功からは遠い存在になっていくのです。

「いい人になりたい」「批判されたくない」という考えが、いかに悪魔的なものであるかがおわかりいただけたと思います。

「いい人になりたい」と思っているほとんどの貧乏人に比べ、成功者はどう考えているのか。

成功者はいい人になりたいわけではなく、**自らの理想を実現したい**だけです。

成功者は自らの理想を実現することに命を捧げていて、その過程でボロクソに言われようが、理解されなかろうが、批判されようが、それらを蹴散らしていく力があるからこそ、成功するのです。

貧乏人の特徴 12

嫌うのが嫌い

貧乏人は、嫌うのが嫌いです。ですから、本当に嫌っているものでも、それを遠ざける力が弱いです。やりたくないことを頼まれても断れず、「あ、いいですよ」と受けたりします。

場合によっては、やりたくないのに「ぜひ、やらせてください」と言うなど、自分の心に一日中ウソをつきながら生きています。

一方、成功者は好き嫌いがはっきりしています。

「私はこれが好き」「私はこういうのは嫌い」とはっきりしているため、判断も決断もはっきりしています。だから物事が前に進んでいくわけです。

また、だからこそ、反感や敵を生むこともあります。

貧乏人は正しいかどうかをやたらネチネチ、グチグチ気にし、そんな独特な心のジメジメした暗い感じをかもしだしています。

正しいだの、悪いだのグダグダ言うわりには、行動しないのが貧乏人です。つまり判断能力がものすごく低い。

正しい・悪いを気にして、自分が何が好きで何が嫌いかもわかりません。どっちでもいいことばかり気にして、心がすごくぼんやりしています。

結局、何が正しいかの見識もなく、誰かに言われたことを、他人にも押し付けているだけです。

貧乏人は、とにかく自分の命を粗末にしています。私たちは日々自分の命を使っているはずですが、どうでもいいことに命を使えるという、私には理解不能な発想で生きています。

好き嫌いをはっきりさせ、好き嫌いを尖らせて、**死ぬほど好きなものと、死ぬほど嫌いなものに分けていくことは、本当に大事なこと**なんです。

貧乏人には、死ぬほど好きなことなんてないんです。死ぬほど嫌っていることもない。じゃあ何かというと、ちょっと好き、普通、ちょっと嫌い、です。それで「やりたいことをやりたい」と口では言うんですね。

どうして嫌うのを嫌うのかというと、おそらく対立を恐れているからでしょう。しかし対立を恐れていたら、非理想の排除ができなくなります。

だから、生きる力も自分の理想を実現する力も弱くなってしまうのは当然なのです。

そういう中途半端な世界から出たい人は、自分が死ぬほど好きなことは何なのか、本当に心からやりたいことは何かをぜひ考えてください。

そして、それ以外のことはすべて、「死ぬほど嫌い」に分類してしまうのがコツです。

なぜなら、自らの命を使うに値しないからです。

貧乏人の特徴 13

偽物の感謝をする

貧乏人の「ありがとうございます」は、たいてい偽物です。口先で言っているだけで、心に感謝がありません。

また、「心を込めて感謝しろ」と言うのも貧乏人の特徴ですが、それは悪魔の教えです。なぜかというと、順番が間違っているので実践できないからです。

悪魔の教えのさらに上をいく大悪魔の教えもあります。それは、「何に対しても『ありがとうございます』と言っていれば、あなたに幸運が舞い込む」という教えです。

これは「心を込めろ」よりも非常に恐ろしく、ひどいものです。「ありがとうございます」と、感謝の単語を口にしているのに、心では打算的に「これで幸運が舞い込むぞ」と思っているからです。そんな教えは、悪魔の教えを超えた大悪魔の教えというわけです。

「何に対しても『ありがとう』と言う」は、世間で売っている1000円くらいの本に平然と書いてあったりします。


自分の人生をよくするために、「ありがとうございます。ありがとうございます。ありがとうございます」とペコペコしたり紙に書く。A4の紙やメモ用紙に「ありがとうございます」と小さい文字でビッシリ書いて渡されたりしたら、気持ちが悪いわけです。その種の人は、そういうものを「心のこもったプレゼント」などと言いますが、「ふざけるな。金がないだけだろ」と思ってしまいます。

「心を込めて言え」というのは無茶な教えで、言っていれば自分のためになるというのは永遠に心を汚す教えです。


正しくは、「心を込めろ」ではなく、「**感謝したくなるような人生を生きろ**」です。

素晴らしい人生を生きていたら、「心を込める」などとわざわざ思わなくても、自然に感謝したくなるものなのです。

貧乏人の特徴 14

新幹線の窓際まで汚くする

新幹線に乗っていつも思うことが、「貧乏人は新幹線の窓際まで汚くする」です。

新幹線のグリーン車には、窓際にちょっとした荷物が置けるスペースがあります。うしろの人が窓の外の景色を見ようとすると、前の人の窓際のスペースが見えるわけですが、毎回気になることが、窓際のスペースをやたら汚く使っている人がものすごく多いことです。

その人がどんな人か、私はもちろん知りませんが、ほぼ間違いなく、おそらく99・99パーセント以上の確率で貧乏人だと確信しています。

さらにもっとひどいのになると、その窓際のスペースだけではなく、上の棚も汚く使っています。棚を見ると、本当にきれいに使っている人と、汚く使っている人の差が歴然としています。

たぶんバックパックか何かのヒモだと思いますが、棚からヒモみたいな物がぶら下がっている。あるいはグチャグチャの紙袋が何個も汚い感じで乗っている。そうなると、もうその席よりうしろのあらゆる人から見えるわけです。

私がオススメするのは、窓際のスペースはうしろからも見えるのですから、うしろから見えてもきれいに見えるように使う。あるいは、そもそも何も置かないのがオススメです。

もし人から見える窓際に置くのであれば、せめて、うしろの人から見てもかわいい、小さなオブジェを置く。でもそういう人は、めったにいません。

新幹線の前の席の窓際に置いてある物を見ると、貧乏人かどうかが判断できますが、子育ての仕方もなんとなく想像がついてしまいます。

先日は、窓際に置いてあったグッズが子供用のもので、子供を拭いて、黒く汚れているウェットティッシュが、ずっと置いたままになっていました。

なんでそこに置くのかといえば、美しいかどうかを考えているからではなく、たぶん「すぐ手が届くところに置いておけば便利だから」という発想だと思います。

また、コンビニのビニール袋を、ずっとぶらさげている人も、よくいます。揺れるので視界を邪魔しますし、カサカサと音もするのでうるさいです。


便利なのかどうか、手間がかからないかどうかで生きているのが貧乏人ですが、**成功者は美しいかどうかで判断**します。


貧乏人は、レストランに行けば、椅子を引くときに、床をこすって大きな音を立てる。観劇に行けば、バッグを開け閉めしたり、パンフレットをいじったりして、イヤな音を立てる。

歩く音も、姿勢も、下品です。いえ、そもそも、気にしていません。

これらのことも「放っておいている」からです。

そして、「自然がもっとも美しい」と嘯《うそぶ》いています。

真っ裸で、野糞をする生活が本当に美しいと思うなら、そうしたらいい。

貧乏人が、高級ホテルに泊まったところで、着いたその瞬間にはきれいでも、あっという間に、部屋も散らかしてしまうでしょう。それどころか、備品まで、壊したり、汚したりするかもしれない。

美しい生活をするには、その場の人の協力が不可欠であり、だからこそ、場を汚くする貧乏人は、成功者の輪の中に入れてもらえないのです。

貧乏人の特徴 15

「お金は使えば減る。使わなければ増える」と思っている

貧乏人は、「お金は使えば減る」と思っています。

そして、「使わなければ増える」と思っています。

そのため、「お金を増やしたいから使わない」という行動選択をすることになります。

一方、成功者は、もちろん「お金は使えば増える」。

そして、「使わなければ減る」と考えています。基本的に、お金の価値は減少してゆく傾向があるからです。

もちろん、「使えば増える」と言っても、どのような使い方をしても増えるということではありません。言い換えれば、成功者はお金が増える使い方を理解している、と

いうことです。

そう言うと、すぐに「投資ですか？」と言う人がいますが、もちろん広い意味で投資ではあります。しかしそれは貧乏人が想像するような投資とは違うものです。

投資というのは、「今ある資源を活かす、活用する」が本質ですから、**成功者がお金を使うと増えるのは、お金を活用しているから**です。


たとえば、貧乏人が安い月給をもらっているとします。その月給が固定された金額であると感じていますから、なるべく使わなければお金があまり、それを貯めればお金が増えると考えます。

安月給の中で生活をしてお金をあまらせ、それで貯金したらお金が増えると思うかもしれません。しかし、その「増える」というのがもし利息という意味であれば、なぜ利息が生まれるのか？　それは銀行がお金を使ってお金を増やしているからです。その一部を利息として受け取っているということです。

つまり、**お金を使わないで増やそうとするのは、最初から発想の方向が間違ってい**ます。そもそも、雇われて会社から給料をもらっている場合でも、その会社は、資本を活用して、お金を「使うことで増やしている」のです。

その一部が、給与になっているのに過ぎません。

銀行の利息も、「お金を使って増やしたお金」の一部。会社の給料も、「お金を使って増やしたお金」の一部。

こう考えると、「お金は使えば増える」ということが、わかりやすくなりませんか？

それなのに、もし、あなたにとって、お金が「使えば減る」ものだとしたら、どうして、そうなっているのでしょうか？

一度よく、こういったお金のことについて考えてみてください。

貧乏人の特徴 16

おみやげまでガラクタをよこす

貧乏人は、自分の部屋をガラクタで埋め尽くすだけでは飽き足りず、恐ろしいことに人に渡すおみやげまでガラクタをよこすという性質をもっています。

収入がないからやりたいこともできないし、ほしいものも買えないような状態のくせに、わざわざその乏しいお金を使って自分のためにガラクタを買い、他人にもガラクタを買うのです。

あなたにも、誰かからもらったおみやげで、「これ……どこに置けばいいんだろう」と困った経験があるかもしれません。それこそガラクタなんです。

なんで貧乏人がガラクタをわざわざプレゼントするのかを考えると、結局、相手の状態を全然考えていないからです。

成功者は、自分が関係すること、自分と縁があるものすべてを大切にしていますから、自分がかかわるものも、自分がかかわる人も、自分がかかわる空間も大事にしています。

だから、成功者がもっているものは、きれいに手入れがしてあるし、きれいに置いてあるし、部屋もきれいなわけです。

また、**成功者は自分の持ち物も厳選に厳選を重ねて選んでいますから、アイテム数がものすごく少ない**わけです。そういう成功者に対してもガラクタを送ったりする貧乏人の感性は、わけがわかりません。

ガラクタをよこすということは、おそらく相手の空間に入り込むことで自分の存在を知らしめようという卑怯なことを考えているからだと思います。

結局、貧乏人はプレゼントを選ぶときにすごく適当に選ぶんです。

自分自身のために何かを買うときにも、すごく適当に選んでいる。そういう生き方をしているから、仕事でも取引先やお客様のことが全然わからないわけです。

貧乏発想では、相手のことも自分のことも考えることができません。だから貧乏人は、自分の部屋を散らかすだけでは満足できなくて、知り合いの部屋まで散らかそうとするのです。

あなたも誰かにガラクタを渡していませんか？

貧乏人の特徴 17

関係を切るのが苦手

前項の続きになりますが、貧乏人の顕著な性質の一つが、「ガラクタが大好き」です。ですから、ガラクタな「人」、つまりどうでもいい人、メリットを提供する力がない人に囲まれても平気です。

それからガラクタな「事」、つまりそれをやったからといってなんのメリットもないようなどうでもいいことに囲まれています。

つまり貧乏人は、価値がないことが大好きなのです。ですから貧乏人は貧乏人が大好きで、成功者が嫌いです。

貧乏人は、そもそもなぜ貧乏人に囲まれているのか、なぜ貧乏人がたくさん住んでいるような地域に住んでいるのか、なぜ貧乏人と話したりするのかといえば、ほとんどの貧乏人は、そもそも貧乏人が大好きだからです。

中には「いや、自分は貧乏から出るぞ」という人もいますが、そういう人も結局関係を切るのが苦手なので、その貧乏人グループからなかなか出ることができないのです。ということは、「出るぞ」という気持ちも、たいしたことがないということです。

貧乏要素にまみれている状況から抜け出したいなら、ひたすらカットしなければなりません。ガラクタばかりに囲まれているわけですから、捨てる！　捨てる!!　捨てる!!!　でいく必要があります。

結局、「上に行きたい」「成功したい」と言っても行動できないのは、捨てる覚悟がないのです。**下から上がっていく際には、成功者のように切り捨てる覚悟が必要**です。どうでもいいガラクタを捨てて、捨てて、捨てまくるのが基本です。

私はよく「部屋を整理しましょう」と言いますが、これを貧乏人が聞くと、例によってねじ曲げて、わざわざ貧乏な著者が書いている収納の本を買ってきて、ガラクタを整理して収納しようとするわけです。

そうではなく、ガラクタは捨てるんです。

ガラクタを狭いところにギュウギュウに詰め込んで、「あー、きれいになった」と鼻を膨らませる。「……バカじゃないの」と思います。


貧乏人は関係を切るのが苦手ですから、「もったいない」「縁を大事にしています」と自己正当化します。

それは大事にしているのではなく、ただ単にサボっているだけです。

「何か、いいことがあるかもしれない」程度の漠然とした気持ちで、人や事や物と付き合う。

本当に、選択が適当でいい加減なのが貧乏人です。

だからこそ、状況に流されたままで、一生を終えていくのです。

貧乏人の特徴 18

「お金抜きでやりたいことを考えろ」と言う

考え方がおかしく、間違っているにもかかわらず教えたがりなのが貧乏人です。ですから、「貧乏人が貧乏人に教える」という構図ができあがります。

その一つが、「お金抜きでやりたいことを考えなさい」と、得意になって教えている図です。

こう言うと例によって、「吉永さん、成功者でも『お金抜きでやりたいことを考える』『お金がなくてもやりたいことをやる』と言っている人はいますよ」と反論されます。

そういう成功者は、お金が稼げているわけです。つまり、「お金を稼ぐなんて当たり前」ということです。

お金を稼ぐのが当たり前とはどういうことかというと、稼いでいる人たちからすれば、お金の稼ぎ方は何万通りも見えるわけです。ただその中には、「お金にはなるけれども、これはたいして世の中のためにならない」ということもたくさんあるわけです。そういう意味では、お金を稼ぐだけでいいのなら、成功者にとってめちゃめちゃ簡単なことなのです。だからこそ、お金の誘惑に負けないためにも、自らの心と向き合っているのです。

ですが、そもそも稼げていない貧乏人が、「お金をもらわなくても、やりたいことをやったら成功しますよ」と言って、たとえばひたすら毎日エロビデオを見ていたら、本当に成功するのか……考えなくてもわかることです。

だけど、そういうバカなことを堂々と言っているのが貧乏人なわけです。

「お金抜きでやりたいことを考え、本当にやりたいことをやる」というのは、稼ぐということが問題にならないくらい当たり前のレベルの人が意識していることなのです。**まだ稼いでもいない貧乏人が、お金抜きでやりたいことを考えたら、ますます貧乏になる**に決まっています。

ですから、「今までは貧乏人だったけど、今から変わりたい」と思っている人に私が言いたいことは、

「稼ごうとしろ。お金になることをやりましょう」

です。しかし、今まで貧乏だったくらいですから、稼ごうとしても全然稼げない現実に直面するはずです。

でも、大切なのはそこからです。それでまた現実逃避して、「お金がかからない生活が幸せだから」と言うのか、それとも、稼ごうとして稼げない現実から学び、「今までの自分はどうしようもないほどダメで能力がなく、世の中に対して価値がなかった」と理解し、「そんなくだらない自分にこだわることには意味がないんだ」と一念発起し、自分自身の内容を入れ替えるのか。

そういう覚悟ができて、ようやくスタートラインに着くわけです。ですから、成功者になりたいのであれば、ぜひ、稼ごうとしてください。

貧乏人の特徴 19

反論、反対意見が大好き

成功者が言う「好き」は、「死ぬほど好き」ということですし、成功者が言う「嫌い」は、「死ぬほど嫌い」「絶対にヤダ」ということだ、というお話を前にしました。

成功者の好き嫌いの特徴は、「尖っている」です。ものすごく好き、ものすごく嫌い。基本的にはこの二つで世界を分けています。

一方、貧乏人は価値観が明確ではないため、好き嫌いにこだわるようなことを言いながら実はこだわっていません。

たとえばアンケートなどで、①とてもよい　②ちょっとよい　③普通　④ちょっと悪い　⑤悪い　という項目があると、だいたい中央部分の「ちょっとよい」とか「普通」、あるいは「ちょっと悪い」を選びます。

すごく性格の悪い貧乏人は、何も考えないで「悪い」にひたすらマルをします。

その性格の悪い貧乏人は、なんでもかんでも「ヤダヤダ」言っているわけですが、実際にその人が自分の人生からいやなものを排除しているかというと、できていません。口だけなんです。


そして、貧乏人が好き嫌いを言うときは、たいてい反論するときです。貧乏人は反論したり、反対意見を言うのが大好きなんです。

しかし、成功者は自分の人生を生きていますから、**他人に反論したり意見することは時間のムダ**だと判断します。そんな時間があったら自分のことをやるわけです。


好き嫌いを理由に反論してくる貧乏人の人生には、実際には嫌いでもいややいややっていることが大量にあるんです。

そんな生き方をしているくせに、好き嫌いを理由にして反論することに矛盾を感じていない。

「ものすごく好き」と「ものすごく嫌い」、あなたもぜひこの二つに絞ってください。

貧乏人の特徴 20

歯を食いしばってがんばっても、たいして稼げない

貧乏人はエネルギーが低いので、そもそもがんばれない場合が多いですが、すごいのはがんばってもたいして稼げない人です。

この、「がんばっても稼げない」という現実を、貧乏人の脳はどうとらえるかというと、「社会が悪い」とか「環境が悪い」「状況が悪い」、あるいは「どうせ自分にはできない」と認識します。

しかしこの種の現状分析は、現状を全然分析しておらず、現実を見ていません。これらの言葉はどんな状況でも、言おうと思えば言えるような説明です。

つまり、実際の現実を見ないで、単に思い込んでいるだけです。でも、たいていの場合、一生その想像の檻の中から出ることができません。もう、そういうふうにしか考えられないからです。

おそらく、脳内が貧乏発想でいっぱいなのだと思います。

一方、成功者は、貧乏人がどんなにがんばっても、寝ずにがんばっても、体を壊すまでがんばっても、限界までがんばったとしても稼げないような金額を、涼しい顔をして稼ぐんです。

どんなにがんばっても、歯を食いしばって寝ずにがんばってもたいして稼げない貧乏人からすると、いったいどうやっているのかわかりません。

それがわかるように勉強すればいいのですが、貧乏人はいい加減な想像をして、「自分がこんなにがんばっても稼げない。ということは、成功者は悪いことをして稼いでいるんだ」と決めつけ、「稼げなくても自分は善人だからいいんだ。いい人なんだ」と自分に言い聞かせて安心します。

そういう発想しか、できないのです。

では、貧乏発想からどうやって抜け出せばいいのかと言えば、「こんな発想じゃダメだ」と気づいて、自分自身の脳内をつくり変えるために**適切な知識を獲得し、毎日自分を変え続ける**ことです。

これしかありません。

貧乏人の特徴 21

「チャンスは自分で切り開く」と思っている

貧乏人は、「チャンスは自分で切り開く」と思っているので、がんばります。でも、チャンスは、自分で切り開くものではないんです。

チャンスとは何かというと、与えられるものです。

「チャンスは自分で切り開くもの」と思って、なんでもかんでも自分の手柄にしたがるのが貧乏人ですが、成功者はどう考えているのでしょう。

成功者は、「チャンスは上の人から来る」ということを理解しています。

チャンスというのは、上の人からしか来ません。上の人が下の人を見て、チャンスを与えるかどうかの選択を行います。

チャンスの扉を開けるかどうかは、上の人が選ぶわけです。

もちろん、成功者は貧乏人を見ても、チャンスを与えることはありません。チャンスは目の前まで来ていたのに、上の人（成功者）がその扉を開けて入れてくれないという状況に直面すると、貧乏人は成功者に対して、「あいつはたいしたことなかった」「あいつは何も知らないんだ」と罵倒します。

しかし実際は、成功者は、いろいろなことを知っていますし、いつでもチャンスを山ほどもっているものです。

それで「誰に渡そうかな」と毎日考えています。そういうことを理解しないで、上を否定して粋がっている人にチャンスの扉が開くわけがないのです。

貧乏人の特徴 22

人脈をつくろうとする

人脈をつくろうとするのが貧乏人で、友人をつくろうとするのが成功者です。

より正確には、成功者はつくろうとしなくても人脈があり、友人がいます。

どういうことかというと、成功者も状態としては、最初は人脈がありませんし、友人もいません。お金もないことが多いです。

ですが、あり方が状況をつくっていきますから、時の経過とともに、成功者には人脈が生まれ、友人ができ、お金もできていきます。

そして、成功者には支持者も生まれます。

貧乏人には、やらされた場合、その報酬を、すぐに取りに行こうとするという顕著な特徴があります。

人が人に頼るということは素晴らしいことだと思いますが、貧乏人は頼ることと奪うことの区別がついていません。

ですから、貧乏人が言う「人脈」というのは、自分のために他人を利用して、他人から奪おうという意味です。そんなことをしたら、人が離れていくに決まっています。


成功者としての階段を昇っていくと、さらに、生き方が本質的になっていきます。

人脈をつくろうとするより、友人をつくろうとするほうが、より本質的です。

友人をつくろうとするより、**自らの道を生きるほうがもっと本質的**です。


貧乏人と成功者を分ける線があり、さらに成功者の世界でもまた階段があるのです。

貧乏人には、何を言っても話をねじ曲げる性質がありますから、貧乏人に話すときには、「こういう意味じゃないですよ。こうでもないですよ」と、起こりうる誤解、曲解に対して、事前に言っておくことが有効です。

貧乏人のほとんどは「貧乏なままでいい」と思っているのですが、それを本人に指摘すると、「いや、思ってないですよ」と答えます。

たとえば、「貧乏人は人脈をつくろうとしますが、成功者は友人をつくろうとします」と言うと、貧乏人が何をするかといえば、手近な人と群れます。

手近な人というのは、今すでにまわりにいる人です。その人たちと群れるのは現状維持の生き方であって、成功者の生き方ではありません。そこでの信頼関係も、たいしたことがないです。

もちろん、手近な人たちと一緒に、未来に向かって変化し続けていくなら、それはまさに友人であり、仲間です。

一方、貧乏人の考える友人は、ただ会って、食事して、おしゃべりしたり一緒に遊んだりしている存在です。それが友人だ、という程度にしか思っていないわけです。

ですから、貧乏人には「孤独の道を行け」と教えたほうが、間違いがありません。

貧乏な状態が大好きで、貧乏を抱えて貧乏の中で生きたいのが貧乏人です。そんな状況でも、貧乏から脱出したいと思うのであれば、今抱えている「貧乏」を本気で振り払ってほしいと思います。

貧乏神を引きはがすにはかなりのパワーが必要ですが、そのパワーをぜひ発揮してください。

貧乏人は

- 出しっぱなし
- 自分で考えない
- 責任逃れが大好き
- 「できない理由」ばかりあげる
- 教えたがる
- 自信がない人を「仲間」にする
- 来ない
- 価値がわからない
- 期待をあおる

成功者は

- 磨いて（きれいにして）片づける
- 自分で考える
- 積極的に責任をとる
- 「できる理由」を考える
- どんどん行動する
- リターンがある人を「仲間」にする
- 重要な場には必ずいる
- 価値がわかる
- 期待を上回る

・ストレスを発散する
・「いい人」になりたがる
・嫌うのが嫌い
・偽物の感謝をする
・便利かどうかで判断する
・「お金は使えば減る」と思っている
・ガラクタを選ぶ
・捨てられない
・お金抜きで考える
・反論が大好き
・歯を食いしばっても稼げない
・「チャンスは自分で切り開く」と考える
・人脈をつくりたがる

・愛を発散する
・「いやなやつ」と思われる
・好き嫌いがはっきりしている
・感謝したくなる人生を生きている
・美しいかどうかで判断する
・「お金は使えば増える」と思っている
・本物を厳選する
・切り捨てる
・考えなくても稼げる
・反論するより無視をする
・涼しい顔で稼ぐ
・「チャンスは上の人から来る」と考える
・自分の道を生きている

第2章▼▼

貧乏人の口癖

この章では、貧乏人の口癖をまとめてみました。
あなた自身が、
つい言ってしまっている言葉が
あるかもしれません。
これらの口癖は、
貧乏発想があるから出てしまうわけですから、
これらの言葉を言わないようにするだけでも、
貧乏発想が改められていくはずです。
今は言っていても、
自分の発言に気をつけることによって、
成功者の発想に変わってゆくことができます。

貧乏人の口癖 ❶

「あなたが心配」

何かといえば「あなたのことが心配です」とか、「あなたのことを考えて言ってるんだよ」とアピールしてくる人がいます。

こう言われて、重く感じることはありませんか？　もともと、「あなたのことを考えている」「あなたのことが心配です」は思いやりから出ている、いい言葉だったはずです。

しかし実はこのようなやり取りは、貧乏人同士、ルーザー（負け犬、敗者）同士の傷のなめ合いや押し付けである場合が多いのです。

では、本来の「心配」や「あなたのことを考えている」とは、どういうことなのでしょうか。それは、「あなたが幸せであり続けるために、私は何をすればいいか考えて行動しています」ということです。これを短く言うから、「私はあなたのことを考えている」になるわけです。

ですから、「あなたのことを考えています」には、少なくとも三つの段階があります。

「私が考えるところの、あなたが幸せであり続ける状態」を見つける

↓

「それを実現するために、私には○○ができる」と考え、具体的な計画を立てて実行する

↓

「だから私はこうしました」と実際にやってきたこと、今後取り組んでゆくことを話す

この三つを話せれば、あるいは説明してもらえれば、聞いている相手も「そうなんだ。本当に自分のことを考えてくれているんだな」と思うでしょう。

「あなたの幸せはこういうことだと私は思っている」という最初の段階、つまり**お互**

いの「幸せ」の認識がズレていたら意味がなくなりますから、最初に確認するわけです。

そうすれば真の意味で、相手のことを考えての行動ができます。そうして初めて「心配している」は、口先だけの言葉ではなくなるわけです。

あなた自身も誰かに「心配している」と言うときに、**相手のためになることをしているか、**自問してみましょう。

貧乏人の口癖 2

「そんなことをやってなんになるの」

あなたが大多数の貧乏人と違うことをやろうとして努力を始めると、必ず言われる言葉があります。

それが、「そんなことをやってなんになるの」です。

というのも、あなたが高いレベルをめざして生き方を整え、「美しく生きる」と行動を開始したとき、大多数の貧乏人はそれを見ても意味がわからないからです。

だから自然な発想・本音として、「そんなことやってなんになるの」と言うわけです。

たとえば、家族と同居しているあなたが部屋の片づけを始めたとします。あなたの家族がきれい好きで、一人ひとりが部屋をきれいにしてすごしやすい空間をつくっているような家なら、あなたが部屋をきれいにしても、「そんなことやってなんになるの」とは言わないでしょう。

みんながやっていることだからです。

だけどもし、全員が自分の部屋を汚く、使いにくくしている家族だったらどうでしょう？　あなたが意識を高くして自分の部屋をきれいにしたら、「そんなことやってなんになるの」と言われるはずです。

その場合、大事なのはそのあとです。

▼「そんなことをやってなんになるの」と言われたからやめる
▼あくまで努力を続けて壁を抜けていく

あなたはどっちでしょう？　大多数の貧乏人と違うことを始めると、「そんなことやってなんになるの」と言われる。それはつまり反語表現で、「何もならないじゃないか。ムダだからやめなさいよ」という、貧乏人からの圧力です。

「素晴らしいね」と応援してくれる人は、貧乏人の中にはほとんどいません。「人の不幸は蜜の味」という貧乏発想に染まった人たちだからです。

あなたが勉強して、低い位置から出ていきたいときは、この「そんなことやってなんになるんだ」攻撃を跳ね除け、**あなたはあなたの道を生きて、ぜひ上の世界に入っていって**ください。

貧乏人の口癖 3

「ゆっくりできますね」

「旅行に行くんです」と言うと、「ゆっくりできますね」「ゆっくりしてきてください」と言う人がいませんか？

「ゆっくりできますね」の場合、旅行に行く人がゆっくりしたいのであれば、「そうなんですよ。ゆっくりできるんです」となりますが、ゆっくりしたいと思っていない場合には、「理解されていないな」という実感を相手は抱いてしまいます。

しかもそれだけではなく、「ゆっくりできていいですね」は、「あなたは普段はゆっくりできなくて不幸だけど、旅行に行ってるときはゆっくりできるから、一時的にちょっと幸せな気分を味わえるかもしれないですね」という意味にもなるわけです。

これは、誰かの家に訪問したとき、家の人が「どうぞゆっくりしていってくださいね」と言うのとは意味が違います。

こういう話をすると、「吉永さんはこまかいことを考えすぎだ」と言われますが、私はもちろん言葉狩りをしているわけではありません。「ゆっくりできますね」「ゆっくりしてくださいね」という表現を使うなということではなく、今言うことが適切なのかどうかを考えましょうということです。

自然と口から出てくる言葉が、その場に添ったものか、あるいは考えなしに自然と出てくる決まり文句的な言葉かで、人間関係に差がついてきます。

こういうこまかいことをどこまで徹底できるか、そしてどこまでこまかく理解しているのかで、さまざまな面で差がついていきます。

どんな話を聞いても、それをどこまでこまかく理解しているか、どこまで徹底して実践しているかで、価値も成果も変わっていくわけです。

私自身は、小さいときから「こまかいことをわかりたい。感じたい」という欲求が強かったのですが、向上心のある人には少なからずそういう欲求があると思います。

学校でも会社でも、何かを学んでいるときには、こまかいことを知りたくなるのではないでしょうか。

そして**こまかいことにこだわることが、ものの本質を理解する第一歩**なのです。

貧乏人の口癖 4

「どうしても◯◯」

貧乏人に愛されている言葉たちの一つが、「どうしても」です。使う構文も決まっていて、「どうしてもできない」「どうしてもやっちゃう」などです。

この「どうしても」が何を意味しているかというと、「私は今の状態に強いこだわりがあるので、絶対に手放したくありません」の「絶対に」の部分を「どうしても」と表現しているんです。

ですから、少し話しているだけで、簡単に「いや、どうしてもできないんですよね」と言うわけです。そうすると聞いている私は、「へえー、そうなんだ。どうしてもできないんだ。じゃあ、お先真っ暗だね。どん詰まりだね。ずっとそこにいたらいいんじゃないの」と思ってしまいます。

貧乏発想から抜け出したい人は、この「どうしてもできない」「どうしてもやっちゃう」という発想から脱却しなければなりません。

そういう人にオススメの「呪文」があります。この「どうしても」という言葉に挑戦するのです。一人のとき、

「どうしても、本当に一つも方法ないの!?」と自分自身に言ってください。

「『どうしても』って聞いてビックリ。どうしてもできないって本当？　あるでしょう、方法」という感じです。

そうすると、普段ついつい「いや、どうしても……」と言いそうなときに、「……あ！」とブレーキがかかり、心の中で「どうしても」の発想を乗り越えようとする力がはたらくようになります。

「一生『どうしても』って言い続けて、貧しい状態にい続けるなんていやだ」と思う人は、ぜひ、「どうしても○○」という自分自身の可能性を否定するような、小さい発想から抜け出して、素晴らしい未来を生きてください。

貧乏人の口癖 5

「いろいろありまして」

貧乏発想にまみれて日々を汚く生きている貧乏人がよく使うのが、「いろいろありまして」です。

何か頼まれたり、あるいはアドバイスを受けるときに、「いやー、いろいろあるんですよね……」と言うケースです。それはつまり「やりませんよ」と、頼みごとやアドバイスを断っているのです。

断ること自体には問題はありません。自分がやりたくないことをやらないのは、当たり前のことです。

ではどこが貧乏発想なのかというと、「いろいろある」の「ある」の部分です。

行動を妨げる「いろいろ」な障害。それが「ある」ということを、まるで自然現象のように言っていますが、なぜそうなるかというと、**その人の人生が、くだらない物や人、事に囲まれているから**です。つまり、整理する、磨くということを日々やってきていない。

だから、頼まれても「いろいろあって……」と断ることになる。「いろいろあって」と断るのと、「それはやりたくないので」と断るのとでは、意味が違います。

「いろいろあって……」という人たちは、自分で何かやろうとしていてできないことに対して、「いろいろあるからできない」と正当化します。

それはたとえば、部屋を歩こうとしたとき、床にスープが入っているカップラーメンが置いてあったり、割り箸や鼻をかんだティッシュペーパー、中身の入ったポテトチップスの袋などが転がっていて、とにかくゴミだらけで歩けないのと同じです。

いろいろあるから身動きが取れない、という状態になっているわけです。

貧乏発想なので、どうしようもないガラクタばかりをまわりに集めてしまい、身動きが取れなくなっているのです。

そんな現状に気づき、「あ、くだらないものだらけだから貧乏だったのか、こんな状態はいやだな」と抜け出したい人はどうすればいいのでしょうか。

「変わるぞ」と思っても、貧乏人の多くの「やる」は、だいたいその日だけという場合が多いです。しかし、本当に今の状態から脱却したい人は、「**自分は自分に『いろいろあって』を許さない**」と、まず自身に宣言してください。

「『いろいろ』ではなく『最小限』」と決めて必要なものに絞り、邪魔する要素をとにかく徹底排除して動きやすくしましょう。雲一つない青空のように、何もない空間、自分自身が行動しやすいフィールドをつくっていく。それが成功者です。

「いや〜、いろいろあって……」という人は、本当に「いろいろある」わけではなく、これまで人生をいい加減に生きてきただけです。

自分を含め、誰かが「いろいろあるんで、できないんです」と言ったら、「この人は貧乏人だな。自分がサボってるのを自然現象みたいに言って、それで自己正当化して生きてるんだな」とレッテルを貼ってしまいましょう。

それは自分自身への警鐘にもなります。

貧乏人の口癖 6

「一応」

貧乏発想が元になって愛用されている言葉に、「一応」があります。これも貧乏人が本当に大好きな言葉で、「一応、やってます」などと使います。

「一応、やってます」程度のやり方でやっていれば、当然、貧乏になっていきます。

一方、成功者はどんな言葉を使っているのかというと、**「真剣にやってます」「命をかけてやってます」「全身全霊でやってます」**といった系統の言葉を使います。あるいは、口には出さずに、実際にそう生きます。

さらにいえば、「あなたのために真剣にやってます」「あなたのために命をかけてやってます」「あなたのために全身全霊でやってます」、あるいは「社会のために真剣にやってます」「人類のために真剣にやってます」「人類のために命をかけてやってます」「人類のために全身全霊でやってます。そうやって生きています」と言う人もいます。

もし、あなたがこれからも「一応、やってます」という生き方をしていたら、貧乏発想は一生直らず、貧乏のまま人生を終えてしまうでしょう。

「そんなのはいやだ。変わるんだ」と思ったら、

▼**「一応、やってます」**↓**「真剣にやってます」**
▼**「一応、やってます」**↓**「命をかけてやってます」**
▼**「一応、やってます」**↓**「全身全霊でやってます」**

というように、上と下のこの2パターンを順番に言ってみて、雰囲気の違いを感じ取ってください。下の言葉のほうが、気持ちも背筋も伸びる気がするはずです。

あなたの発想が上向きになって、成功者の発想になってくると、「一応」などと言わなくなってきます。

あなたが投資家だとして、「一応、こういうプランです」とプレゼンするような人に、お金を出したいですか？

あなたが女性だとして、「一応、結婚したいと思っています」とプロポーズしてくる男性と結婚したいですか？

ぜひあなたは全身全霊で、真剣に、命をかけて今日も一日楽しく生きてください。

貧乏人の口癖 7

「今のままで十分に幸せ」

「今のままで十分、幸せだから」と言う人はけっこういます。しかしこれは完全に貧乏発想です。

この考え方には、わざわざ自らにふたをしている感じが漂っています。

なぜ「今のまま」なのか。これから先の時間を活用して、どうしてもっと上の、もっと素晴らしい世界を体験しようとしないのでしょう？「あなたの可能性はそんなものですか？」と言いたくなります。

たしかに、「今のままで十分に幸せ」と言う人の中には、本当に理想の生活にたどりついている人もわずかながらいるのかもしれません。「今のままで十分に幸せ」の「今」、その一瞬、一瞬を真剣に生きている人もいるかもしれませんが、私のこれまでの経験で、「今のままで十分に幸せ」と言っている人で、真剣に生きている人を見たことがありません。

そして、その種の人は、「十分に幸せ」と言いながら、顔から笑顔がこぼれていません。

本当は苦しいのに、つらいのに、「本当はこんなはずじゃない」と思っているのに、ただ自分を納得させようとして「今のままで十分に幸せ」と言い聞かせているように見えるのです。

「今のままで幸せなはずがない。こんなみじめな人生はいやだ。ここから抜け出すためにどうするか考えよう」と思って生きるのが本当でしょう。

しかし、ほとんどの人は抜け出す努力ができません。抜け出す努力をするくらいだったら、「今のままで十分に幸せ」と自分に言い聞かせ、死ぬまで自分をごまかして死んでいく。そういう人生をほとんどの人が選ぶというのが現実です。

幸せは主観的な感覚ですから、今感謝できれば、今幸せになれるに決まっているのです。

幸せは、本当は初期状態でしかなく、当たり前なことです。だから、「じゃあそこからどう生きるのか」が重要なわけです。

ほとんどの人は「幸せになりたい」と思いながら生きています。だからこそ、真剣に幸せになろうとするなら、「今幸せなのは当たり前で、でもこんなものじゃない」という発想になるでしょう。世界はもっと広いのですから、「今のままでいい」と満足していることが私には信じられません。

「こんなものだよ」「今のままでいい」は、完全に貧乏人の発想です。

▼「今のままで十分に幸せ」

▼「今幸せを感じて生きている」

この二つは全然違います。「今のままで十分に幸せ」と言っている人は、とりつく島がありません。

「そうですか。今のままでいいんだったら、ずっとそこにいてください。この地上にはもっともっと素敵な世界が広がっているんだから、さらなる世界をめざして、私はもっと進んで行きます」

私は、このように思っています。

あなたはどうですか？　今のままでもう十分に幸せだから、そこから上はめざさないのでしょうか。

貧乏人の口癖 8

「鶏口となるも、牛後となるなかれ」

みなさんも学校で、「鶏口となるも、牛後となるなかれ」という故事成語を習ったことがあると思います。

この「鶏口となるも牛後となるなかれ」のよくある解釈は、「できる人ばかりいるなかでビリになるのではなく、できない人たちのなかでトップになってリーダーでいるほうがいい」といったものでしょう。

私はこの解釈に全然共感できません。私の人生経験を振り返ると、この言葉が好きなのは、小さな塾の塾長や学校の先生でした。

私は小さい頃から、上を見る性質がありました。上を見る性質の子供から見ると、小さい塾の塾長が「鶏口となるも牛後となるなかれ」と言って小さい塾の中で威張っていても、「だからあなたはそこにいるんだよ」としか見えません（だから結局、その塾はやめちゃいましたが）。

学校の先生も同じで、「だから先生はここにいるんだね」と理解していました。いずれにせよ、本人が納得して「鶏口」と思っているのであれば、幸せなのでしょう。

しかし本当は自分の状況に納得していないのに、その気持ちをなだめ、ごまかすために「鶏口となるも牛後となるなかれ」と自分に言い聞かせたり、まわりの人に言っているとしたら、それは情けない人生です。

気に入らない現実、いまいちな自分を誤魔化そうとする――これはまさに貧乏発想そのものです。

いくら小さな塾の先生でも、学校の先生でも、小さな会社の社長でも、「自分はそこにいたくない、上をめざしたい」と思っていたら、この故事成語（の解釈）を疑問に思うでしょう。自分の生き方として、「鶏口となるも牛後となるなかれ」に賛成しないはずです（ちなみに、『史記』での鶏口は、韓王を指すのですから、本来、貧乏人から見たら、雲の上の成功者です）。

私の考えは「**自分がラストの場所を探せ**」です（詳しくは262ページ）。「**上をめざす**」ということです。

私は群馬県の田舎の公立小学校から国立小学校に転校し、群馬の前橋高校に入ってそのあと代々木ゼミナールで一浪し、それから東大理Ⅲに入りました。

その流れの中に私の上昇志向がうかがえますが、もし、私が「鶏口となるも牛後となるなかれだ」と思っていたら、東大を受けるわけがありません。

勉強しないでも簡単に入れる大学に入って、「おれが学内で一番だぜ。鶏口となるも牛後となるなかれ、だ。イェイ、ナンバーワン」などと、小さくて狭い世界で調子に乗っていたかもしれません。

たとえば、ボクサーが、自分より強い選手と戦って強くなろうとするのではなく、子供たちをボコボコにして、「おれがナンバーワンだ」「言うことを聞かなかったら殴るぞ」などと、暴力で言うことを聞かせてリーダーとなり、「鶏口となるも牛後となるなかれ、だ。おれは大人とのリングには上がらないぞ」と宣言していたらどうですか。それでは本当に強くなれないでしょう。

これは「今のままで十分に幸せ」という発想と同じです。上にある、もっと楽しくて素晴らしい世界をめざすなら、自分よりも強い相手を求めるものなのです。

貧乏人の口癖 9

「自分がしてほしいことを相手にしなさい」

貧乏人には、成功法則や失敗法則にすごく詳しいという傾向があります。「そんなことやっちゃダメだよ」「そんなことやってたらうまくいかないよ」と気楽に言うわけですが、それがことごとくハズれているところが、貧乏人の貧乏人たるゆえんです。

そんな貧乏人が語る成功法則の一つが、「自分がしてほしいことを相手にする」です。これは「さすが貧乏人」という感じで、明らかに間違っているわけです。

自分がしてほしいことを相手にするというのは、おそらく二つのリターンを期待してのことでしょう。

期待しているリターンの一つが、「相手が喜ぶ、相手を喜ばせたい」でしょう。ちょっと考えればわかりますが、相手を喜ばせたいのなら、「相手がしてほしいこと」をしてあげなくてはいけません。相手が「してほしい」と思っていることをリサーチし、それをやってあげなければ相手は喜ばないでしょう。

ところが、「自分がしてほしいことを相手にするのがいい」という間違った教えを抱いている貧乏人は、とにかく現実を見ません。自分の思い込んでいることと現実が違う場合、貧乏人はどちらに価値を置くかというと、思い込んでいるほうです。

生きていると、経験が増えていきます。しかし貧乏人は、その経験によって自分の間違いを直すつもりがサラサラないため、より貧乏になっていくわけです。「自分がしてほしいことを相手にする」と信じているから勘違いをし、押し付けがましくなるのです。

相手が喜ぶのは、自分がしてほしいことをしてあげたときではなく、あくまで「相手がしてほしいこと」をしてあげたときです。

そのツボをついたとき、そのポイントが当たっているとき、相手は「あ、うれしいな！」と思うわけです。

もう一つの期待しているリターンが、「お返し」「見返り」です。

おそらく、「自分がしてほしいことを相手にしてあげれば、相手もそのお返しに自分のしてほしいことをしてくれるんじゃないか」という下心です。

どうしてそんなふうに考えるのかというと、おそらく作用・反作用の法則や返報の法則などを考えているからでしょう。

「やったことが返ってくる」ということがゼロだとは私も思いません。自分の行為が原因となって、それに対応した結果が返ってくるからです。

しかし、貧乏人が言っている、「やったことが返ってくる」というのは、例によって大ハズレです。

つまり、因果関係の認識が全然できていないわけです。何をやったときに何が返ってくるのか、現実に添ったものなのか、あるいは現実から逸れていることなのかがわかっていないのです。

自分がしてほしいことを相手にしてあげれば相手が喜ぶ→それによって相手が感謝し、こちらに自分がしてほしいことをしてくれる、と貧乏人は思っていますが、実際にやってみたら全然うまくいかないことがわかるはずです。

「自分がしてほしいこと」を相手にするのではなく、**「相手がしてほしいこと」を相手にしてあげる**。だから相手が喜ぶし、相手が感謝する。

このような本当に当たり前のことが、貧乏人はわかっていません。だから、「自分がしてほしいことを相手にするんだよ」などと、したり顔で言うわけです。

貧乏人になりたくなければ、自分がしてほしいことを相手にしてあげるのではなく、相手がしてほしいことをしてあげる――非常にシンプルでわかりやすいことだと思います。

貧乏人の口癖 10

「最近、忙しいですか」

貧乏人に特徴的な会話の切り出し方の一つが、「最近、忙しいですか」です。そもそも、「忙しい」という概念自体が貧乏人専用なのです。

「忙しい」という概念がなぜ貧乏人専用の概念かというと、仕事量がどんなに多くても、忙しくなる必要はいっさいないからです。

成功者の美意識は、「忙しい」など許せないわけです。

「忙しい」を部屋にたとえると、散らかっている状態に相当します。空間がグチャグチャになっている。つまり、「忙しい」は時空間がグチャグチャになっている状態です。貧乏人が一定量の仕事をやると、あるいはそれより少ない仕事でも「忙しい、忙しい」と言いだします。

成功者のように、はるかに多い仕事をしていても、「忙しい」と言わずに、涼しい顔でこなしているほうがスマートです。

そういう涼しい顔をしながらお金をもっている人を妬んで、「あいつはたいして仕事してないのに、あんなにお金をもらっておかしい」と貧乏人は言うわけです。

そんなことを言っているから貧乏なのです。「**10倍稼いでいる人は、10倍の仕事量をしている**」と考えるべきです。

「いや、アイツはたいした仕事をしていないで稼いでる」と言うなら、自分も真似すればいいわけです。真似できないということは何か違いがあるはずで、その違いが何かを考えていけば、成功する可能性が出てきます。

ですが、貧乏人にいいことを教えても「あ、忙しいですから」と断ります。よりよい時間の使い方を教えたところで、「忙しいです」と言って、実行しないわけですから、ずっと貧乏でいるしかないのです。

「○○がいやだ」

貧乏人は、「嫌うのが嫌い」です（詳しくは59ページ）。

「嫌い」と言うのが怖いというより、いやなものを遠ざける力が弱いのです。だから、「貧乏」などという要素を自らの人生に招き入れるわけです。

貧乏人は嫌うのが嫌いですが、その割に現状に不満を言います。

「あれがいやだ」「これがいやだ」などと一日中言っているわけですが、「やだやだ」言うだけで何もしません。

不平不満はガンガン言っていいですし、進化の原動力だとも思いますが、言うだけではダメです。

言い換えると、貧乏人の特徴は、「『やりたい』と言ってやらない」「『やだ』と言ってそのまま」。もうめちゃくちゃです。

おそらく、神様か社会かわかりませんが、誰かが、何かが現状を変えてくれるという発想が根底にあって、自分ではやらない。「やりたくない〜」と駄々をこねていれば、お母さんがなんとかしてくれる、というような発想があるのです。

それでは、幸せで、充実した人生を生きられるわけがありません。

一方、成功者はどうしているかというと、当たり前というか単純で、**「やりたいことをやる。やりたくないことはやらない」**──こうした一貫性をもっています。

貧乏人みたいに、あれこれ理由をつけて、「やりたいけどやらない」「あれがいやだ」「これがいやだ」と言ってそのままにしない。

いやなことはいやでかまいませんが、それをどうやって排除するか考え、行動するのが成功者なのです。

貧乏人の口癖 12

「これだけ働いたんだから、これくらいよこせ」

貧乏人は本当に自分のことしか考えていません。そんな貧乏人ですから、「これだけ働いたんだから、これくらいよこせ」「これをしたんだから○○万円払え」と、「金をよこせ」と主張するわけです。

お金を払う側からすれば、どれだけ働いてくれたか、などどうでもいいことです。**大事なのは、どんなメリットをもたらしてくれたか**、です。

自分のことしか考えず、相手のメリットを考えないから、たとえばガラクタをプレゼントしたりするわけです。相手からすれば1ミリもほしくない、もらってすぐゴミ箱に直行するような物を送っておいて、しかもそれで恩を着せようとする。

「成功者は涼しい顔で仕事をこなすものだ」と前に書きましたが、貧乏人は、「これだけ働いたんだから」「これだけ苦労したんだから」金をよこせと、当然の権利だと言わんばかりの、ものほしそうな顔で言うわけです。

「では、そういうあなたは誰かがすごく苦労してつくったけど、あなたにとっていらないもの、メリットがないものにお金を払うんですか?」ということです。

もっといえば、貧乏人の「働く」というのは、「自分がやること」だと思っています。

しかし成功者は、そんなことは最初から思っていません。

働くということは、「関係者にメリットを提供すること」です。

ですから、もし「お金をよこせ」と要求する場合でも、「私はあなたにこれだけのメリットを提供したんだから、これぐらいの取り分があって当然でしょう」という文脈になるわけです。

どれだけがんばったか、などはどうでもいいことなのです。

誰か、あるいは会社や社会にとってどれだけメリットのあることを提供できているかを、生き方の基本にしましょう。

貧乏人の口癖 13

「ポジティブがいい」

「ポジティブシンキングをしましょう」と言う人がたくさんいますが、実はそれでは貧乏人まっしぐらです。

もちろん、成功者もポジティブシンキングに類することを言うことがあります。しかしそれは例によって、内容が全然違うのです。単語が一緒でも、中身が違うわけです。本質や中身に関心がなく、見てくれだけを考えて、「偽物大好き」というのが貧乏人です。「ポジティブシンキング」もそれです。

大事なのは、「ポジティブ」「ネガティブ」ではありません。

貧乏人の顕著な性質、本質は、現状肯定的であるということです。

一方、**成功者は、現状否定的**です。「今のこんなダメな自分で終わらないぞ」「こんなんで死にきれるか」と思っています。

だから、死ぬまで昇り続けることができるわけです。

成功者は現状否定的であるという話をすると、ほとんどの貧乏人はねじ曲げて違う意味にとります。

今の自分自身の自信がないところ、無気力なところなどをあげて「こういうところが私のダメなところです」と否定し、「ほら、私は現状否定ができています」と言うのです。そのこと自体が現状肯定的だということに気づいていません。

ただ現状を否定していればいいのかといえば、そうではありません。

成功者が言っている現状否定とはそういうことではなく、同時に**「こうなりたい」という強いビジョンと信念をもっている**のです。そして、「現状を脱しよう」という強い気持ちで、具体的な行動をしているということです。

この話をセミナーなどですると、「じゃあ、吉永さんは何をめざしているんですか。どんな鮮明なビジョンをもっているか教えてください」と質問する人が必ずいます。そんなことを他人に聞こうとしている時点で意味がない、ということに気づいていません。

人が何をめざしているかなどはどうでもいい。自分の魂と対話しないで、いったいどうやってめざしたいものを知るつもりなんでしょう。

私はそういう人に向かって自分がめざしていることを話しません。話してもその人がどうにかなるわけでもありませんし、ムダだからです。

成功者は、現状否定的で、そして同時になりたい姿に向かって新しい一歩を踏み出し続ける。

しかもその一歩が、これまでの自分の範囲外であればあるほど、より大きな進化が期待できます。ですから、「やったことありません。未経験ですから、自信がありません」などと言っている貧乏人とは、生き方がまったく違うわけです。

他人の足をひっぱりたい貧乏人は、前に進もうとするあなたに対して、「あなたも変わったね」などと言って薄笑いを浮かべたりします。しかし、**変わらないでどうやって生きればいい**と思っているのでしょうか。

成功者が言っているポジティブとは、「なりたい姿を描いたときにそれができる」という意味のポジティブであって、そのために役立つような内容は肯定しますが、その邪魔をするようなものは、むしろ積極的に排除するという、強烈なネガティブさも兼ね備えているわけです。

「ポジティブ」と言いながら貧乏を肯定していたら、一生貧乏なままです。

貧乏人の口癖 14

「家族を大事にしたいので」

貧乏人は、仕事をしない言い訳として「家族を大事にしたいので」と言うことがあります。「仕事より家族が大事」というわけです。

しかし、どうして家族か仕事かの二者択一になるのか、私にはわかりません。そもそも仕事もしないで、つまり稼ぎが少なくてどうやって家族を大事にできるのでしょう。

家族を大事にするために仕事をしないで稼ぎが少なければ、使える金額も当然少なくなるわけです。それは家族を大事にしているというより、家族に負担をかける行為だと思います。

そう言うと、「いや、私は仕事をしていないわけじゃない。精一杯がんばってるんだ」「私なりに一生懸命やってるんだから、非難される筋合いはない」と、むきになって反論します。

「精一杯仕事をしている」→「でも稼ぎが増えない」と言うのであれば、どこに問題があって、それをどう変えればいいのか、具体的なアクションとして何をすればいいのかを、真剣に考えなければなりません。

真剣に自分自身を見つめて、変えようとすることが、家族を大事にするということになるのです。

貧乏人は、「家族を大事にしている」「誰かのために」「あなたのことを考えて」と口では言いますが、大事にするために今の現実を突破してさらに上に行く、ということを全然やっていません。

貧乏人の言い訳にはほかのパターンもあります。たとえば、「仕事ばかりして家族を放っておくのはおかしい」という意見です。

成功者で、仕事だけして家族を放っておく人など一人もいません。家族を放っておきながら、それで「成功している」とは言えないでしょう。

成功者はもちろん仕事もしますし、家族や友人も大切にしているわけです。

どちらか片方しかできないのは、単に能力が低いというだけです。

あまりにも自己正当化にこだわりすぎて、言っていることが支離滅裂なのが貧乏人なのです。

貧乏人の口癖 15

過去について話す

貧乏人は、過去について話すのが大好きです。成功者は、未来について話すのが大好きです。

それはなぜかというと、貧乏人は現実からズレているという性質をもっているからです。だから過去を懐かしむのです。成功者が未来について話すのが好きなのは、現実に添って行動しているからです。

私たちは現実の宇宙、地球、社会に生きているのですから、社会の現実に添っていれば成功していくわけです。

それなのに貧乏人は、現実を理解しようとせず、自分自身のどうでもいい欲を、ただ思うだけで実現しようとする願望をもっているのです。

だから、思い通りにいかないとカリカリ、イライラ、キーッとなるわけです。

貧乏人の話題はたいてい決まっています。現実を見たくないわけですから、話題の内容が非現実的です。たとえば、「昔はよかった」です。過ぎてしまった過去は、もはや現実ではないわけです。

あとはテレビのドラマの話や、芸能人のゴシップの話、ニュースの話をよくしています。これも、その人自身の現実を扱うというよりは、現実逃避的であり、非現実です。

一方、成功者は現実を生きており、人間は今から先を生きる存在であることをよく理解していますから、**今から先をどうやって生きるのか、これから訪れてくる現実をどうしていくのか**という話が圧倒的に多いのです。

昔のアルバムを見るより、これからのスケジュールを見る。

貧乏人が現実について話すことができないのは、現実を認識する力がないからです。現実を認識する代わりに、頭の中で動いている想像、イマジネーションの話ばかりしています。

成功者が過去のことを話すときには、あくまでも今の自分の生き方と、これから先の自分の生き方の一環として話しています。成功者と貧乏人では、頭の使い方が全然違うわけです。

貧乏人は、せっかく与えられた頭脳を、どうでもいい非現実の世界のことに使ってしまいます。それでは、現実をうまく楽しく充実して生きていくことなどできないでしょう。

貧乏人の口癖 16

ダイレクトに話さない

自信がないからだと思いますが、貧乏人は思っていることをダイレクトに話しません。

なんでも遠回しに言うか、あるいは何も言わないで表情や態度で、なんとか伝えようとします。いわゆる「空気を読め」というやつです。

成功者はどうしているかというと、**思ったこと、伝えたいことをダイレクト**に言います。つまり成功者は、話した言葉は文字通りを意味しているという、強烈な性質をもっているわけです。

妙なスピリチュアルかぶれの貧乏人がよく、「言霊《ことだま》の力」などと言います。「言葉で毎日ウソをついたり、思ったことと違うことを遠回しに表現したり、婉曲に表現していながら、よくそんなことが言えるな」と感心してしまいます。

成功者と話すときには、こちらも文字通りの意味を言葉にするように心がける必要があります。

なぜなら、遠回しに表現するだけで信用を失い、扉が閉じられてしまうからです。

貧乏人は、「空気を読め」と言ってダイレクトに表現しませんが、成功者はダイレクトに表現しますし、空気を読む力ももちろんもっています。

ダイレクトに言えない貧乏人は、悪口も面と向かって言えないので、毎日陰口を言っています。しかも本人に言わないだけではなく、誰にも言わないで、自分の心の中で言うのが大好きです。

貧乏人は、「陰口」の定義も知りません。

陰口というのは、本人に言わない悪口のことです。本人に言わないで、自分の心の中で誰かに不平不満を抱くだけでも、陰口になるわけです。

一方、成功者はダイレクトに言いますから、もちろん悪口も面と向かって言います。だから私もこうして、貧乏人に対して悪口を言い続けているわけですが、陰口よりも、面と向かって言う悪口のほうがはるかに多いのが成功者なのです。

貧乏人の口癖 17

「夢は叶うもの」

たとえば、大人も子供も七夕に願いごとを書いて短冊を結びますが、書いてある言葉を見れば、貧乏人か成功者か、すぐにわかります。

私自身の七夕の短冊の思い出といえば、小学校2年生のときに学校の先生に書かされたことです。「書かされた」とは言っても、もちろん最終的には私自身がその指示に従うことを決断して書いたわけですから、100パーセント私の責任です。

このとき、学校の先生からは「なぜ短冊に願いを書くのか」という説明はありませんでした。

私は何を書いたかというと、正確な文言は忘れてしまいましたが、「東大理Ⅲに合格したい」、あるいは「東大理Ⅲに合格する」です。

実際、その願いは後年叶えたわけですが、このとき短冊を見た学校の先生に、「理Ⅲって何？」と質問されました。そのことがすごく印象が強く、次からは短冊を真面目に書く気がなくなってしまいました。


願いごとや目標を紙に書くということは、成功哲学でもよく言われます。

貧乏人は「夢は叶うもの」と言ったり、「夢なんて叶わない」と言ったりします。つまり、貧乏人は、叶う・叶わないというのは夢自体がもっている性質だ、と思っているわけです。

もちろん、成功者はそんなことは考えていません。一律に、「**夢は叶えるもの**」と思っています。

貧乏人は、「夢は叶うもの」「願いごとは叶うもの」「七夕の短冊に書けば叶う」「絵馬に書けば叶う」などと、とんでもないことを信じています。


たとえばそれと似たことで、貧乏人のお母さんは、流れ星が流れると、「流れ星が消えるまでに願いを言えば叶うんだよ」という迷信を子供に吹き込みます。もし子供がそれを言葉通り受け取ったら、おそらく一生を棒に振りかねないような教えです。しかし、そのような教えを吹き込んでいる母親を、実際に何度も目撃したことがあります。

それでそのときに私が思ったのは、「この母親は子供をバカにしてる」ということでした。

おそらく、その母親は夢のあること、ロマンチックなことを言って子供をかわいがっているつもりかもしれません。でも、本当に自分が信頼したり、尊敬しているような大人に向かって、「○○さん、流れ星が出ていますから急いで願いごとを唱えてくださいい」などと言うでしょうか？　たぶん言わないですよね。

なぜなら、信じていないからです。つまり、ウソだとわかっていることを子供に言って、ウソを信じ込ませている。それによって子供は幸せに生きられる、と考えているのでしょう。

このような発想が、子供の生涯にどれほどの害悪を与えるのかと思い、子供だった当時の私はかなり怒りを覚えたものです。

ハッキリ言いますが、**流れ星が消えるまでの間に願いごとを言っている暇があったら、働いたほうが夢は叶う、**ということなのです。

貧乏人の口癖 18

「夢のない話ですね」

「流れ星に願いを言っている暇があったら、仕事をしたほうが夢は叶う」のようなことを私は言います。

すると、「夢のない話ですね」と何人にも言われました（最近は、交流関係がかなり変化してきたので、こう言ってくる人はかなり減りましたが）。

実際、子供の頃にも、「夢のない子供だね」と言われていました。

でも、私は現実を生きているリアリストです。今の現実をはっきり認識したいと思っています。そんな子供でしたから、「現実的であろうとしているぼくのほうが夢がある」という考えでした。

流れ星が消えるまでに願いを唱えたところで、それが叶うとは、子供の私には思えませんでした。「それなら早口言葉が得意で、ペラペラしゃべれる人のほうが願いが叶うってことになるじゃないか」というわけです。

そうではなく、心に夢を抱いているなら、それをどうやって現実化するのか、具体的に勝算のあるプランを立て、心に願望の火、希望の火を燃やして着々と実践し、その結果を見ながら、修正が必要であれば修正して、現実化のための行動をし続ける。スキルが足りなければ伸ばす。誰かの協力が必要なら頼みに行く。こういう現実的なことをやり続けることが、夢を叶える行為そのものでしょう。

もちろん、**成功者は現実的**です。**しかも見えない力をとても大切に**しています。たとえば人間同士の信頼。これは目に見えません。

流れ星が消えるまでに願いを言うことに本当に意味がないのかと言われたら、私も完全に無意味だとは思っていません。問題は、どのような伝え方をするのかという点です。

流れ星は、いきなり現れます。不意打ちです。そのようなときに、とっさに、願いを短くサッと言うことができる。そのためには、ふだんから考えていないとできませんよね。ですから、完全に無意味とも思わないのです。

また、私は小さいときから、昔話の解釈を考えるのが好きでした。もちろんこの「流れ星が消えるまでに願いを言えば叶う」ということについても、適当なことを言っている大人の話を聞いて腹を立てつつも、「でもそう言うからにはきっと理由があるはずだ」と思って、いろいろ考えました。

まず、「優秀な人が愚民に希望をもたせるために言い始めたんじゃないか」と考えました。そしてさらに思ったのは、「なぜ夜空にずっと光っている星ではなく、流れ星に願いを言うのか」ということでした。

一つには、ゲーム性が考えられます。「消えるまでの間に何回言えるか」というと、ゲーム性が出てきます。しかしそれは本質的なことではありません。ゲーム性だけでは、やはり悪魔の教えになってしまいます。

次に、「じゃあ、もしこれが真なる教えであるとしたら、なんの比喩だろうか」と考えたとき、先に書いたような「日常の心がけ」も考えたのですが、さらに、「人生は終わるものである。一瞬の儚《はかな》い人生のたとえだ」と思いました。


流れ星が消え行くように、私たちの人生も例外なく消えてしまいます。ところが、流れ星が消えるまでの間に願いを言おうとすると、言っている間にシュッと消えてしまう。

「今の自分はいったいどうなんだ」と生き方を考えたとき、「生きている間に願いを叶えようとしても、その途中でシュッと消えてしまうのではダメだ。そんなのはいやだ。願いを叶える前に消えてしまうのはいやだ」という感覚を実感できるのです。

さらに、バースデーケーキのローソクを吹き消すときに、「願いごとを考えて消そうね」と言われます。つまり、命を祝う火を吹き消すときに願いを言う、命の火と引き替えにする願い。

「たとえば、1年に1回、バースデーケーキのローソクを吹き消すとして、1年分の命と交換だ。それに値する願いなのかを、毎年考えることができるな」と思ったのです。

では短冊や絵馬についてはどうか？　これらの願いごとというのは、神様との約束だと私は思っています。

短冊や絵馬に何かを書くということは、神様に対して、「私は命をかけて、この願いを叶えます」「私はこの願いに命を捧げますので、神様どうかお見守りください」ということだと思います。

でも、今はほとんどの人には神様に対する敬意がありませんから、短冊にしても絵馬にしても、冗談で書いているような気がします。

本来は、「この願いに自らの命を捧げます」という神様への宣言、神様への約束であるはずです。だからこそ、文章にするのだと思います。

それなのに、「書いておけば、あとは神様がなんとかしてくれる」と思っていたり、そもそもそんなことも信じておらず、最初からバカにしているのに惰性で書く。

よく、「絵馬の正しい書き方はこう」「語尾表現はこう」というように、迷信ぽいことがまことしやかに言われます。しかし結局、どう書くかにこだわるというのは、見えるところを論じているということです。

大事なのは書き方ではなくて、思い方です。

成功者は、見えない力をものすごく意識しています。

絵馬を書くなら書く、お参りに行ってお祈りするならお祈りをするで、神様にお願いするなら、敬虔《けいけん》な気持ちで行う。

「神様から見たらちっぽけな一生、ちっぽけな命の自分ですけれども、この小さな命を私は○○に捧げていきます。その実現にこの身を、心を、命を捧げますので、どうか見ていてください、応援してください」

そういう気持ちがどこまでこもっているか、どこまで本気なのかが大事なのです。

自らの命をかける誓いどころか、ヘラヘラおしゃべりしながら、どうでもいいような願いを書く。「それが叶ったからといって、いったいなんなの?」というような願いを書いているようでは、一生貧乏でも仕方がないのです。

貧乏人は

- 相手を心配したがる
- 「そんなことやってなんになるの」と言われたらやめてしまう
- こまかいことを理解しようとしない
- 「どうしてもできない」と言う
- 「いろいろあって」と断る
- 「一応」やっている
- 「今のままで十分に幸せ」
- 「鶏口」をめざす

成功者は

- 何をすれば相手が幸せになるかを考える
- 自分の意思で行動する
- こまかいことを理解し、徹底的に実践する
- どうにかしてできる方法を考える
- 余計なものを排除して動く
- 「命がけ」でやっている
- 「未来は今より幸せ」
- さらに上にゆく

・自分がしてほしいことを相手にする
・「忙しい」が好き
・「やりたいこと」もやらない
・自分の取り分を考える
・現状肯定的
・家族か仕事かの二者択一
・過去について話す
・ダイレクトに言わない
・夢は「叶う」か「叶わない」か考える
・迷信を信じる

・相手がしてほしいことを相手にする
・時空間が美しい
・やりたいことをやる
やりたくないことはやらない
・相手にメリットを提供する
・現状否定的
・どちらも大事にする
・未来について話す
・思ったこと、伝えたいことを
ダイレクトに言う
・夢は「叶えるもの」と考える
・リアリスト（現実的）

第3章▼▼
お金に好かれる人の特徴

貧乏人の特徴と口癖はおわかりいただけたと思います。
それらを極力排除できたら、
「お金に好かれる」人になっていきます。
もちろん、成功者＝お金持ち、ということではありません。
ですが、成功者と貧乏人と顕著に差が出るのが、
お金に対する姿勢、考え方、態度などです。
ですからここでは、
お金がどんどん逃げていく貧乏人の特徴と、
お金に好かれる成功者の特徴をあげていきます。
あなたもできるだけ、
お金に好かれる考え方と習慣を身につけてください。

お金に好かれる人の特徴 ❶

「タダの先」を考えている

人間関係でもビジネスでも、グングンうまくいく人と、「いまいちさえない」「がんばっているわりにうまくいかない」人とがいます。両者は何が違うのでしょうか。

これは、「タダの先」を考えているかどうかの違いです。「タダの先」を理解し、できるようになると、人間関係もビジネスも目に見えてうまく行き始めます。

「タダの先」とは何か？「タダ」は「無料」ということです。

たとえば、テレビ番組は無料で見られます。テレビには芸能人やお笑い芸人、歌手などが出ていますが、視聴者はそれをタダで見ているわけです。

テレビで無料で聞いた音楽を気に入り、お金を払ってダウンロードし、いつも聴きたいと思う曲もあります。「この人のライブに行きたい」とチケットを買うこともあるかもしれません。

逆に、テレビでタダだから聞いたけど全然記憶に残らないものもあるわけです。

テレビでタダで見た人を町で見かけても、「なんか見たことあるな」とあまり気にしないこともあれば、「あ、〇〇さんだ!」とすごくうれしくなることもあるわけです。

このように、「タダ」で知って、その先がある場合、たとえば音楽を買いたいとか会いたい、もっと触れ合いたい、もっと一緒にいたいと思う場合と、思わない場合があるわけです。

お金を出しても買いたい、お金を出してでも会いたい、もっと一緒にいたい、というように、**「タダ」から始まったその先があるかどうか**が大事です。

テレビは無料ですが、私たちの人間関係もほとんどの場合、最初は無料で会うわけです。「タダの先」があるかないかという一点が、ビジネスにしても人間関係にしても、すべての流れを変えていくポイントになるのです。

これまでのあなたの人生を振り返ったり、まわりの人を見ればわかるのではないでしょうか。

タダで終わる人と、タダの先がある人のどこが違うのか自分でみつけて、あなたも「タダの先」がある人になってください。

お金に好かれる人の特徴 2

お金に洗脳されていない

お金に洗脳されている人はものすごく多いです。洗脳されていると、いろんなことをお金という尺度、価値観で考えてしまいます。

洗脳されてお金を追い求めてしまうと、むしろお金が入ってこなくなります。このループからなかなか出られなくて、「お金がほしいのにお金がない」という人がものすごくたくさんいるわけです。

では、どうしたらいいのか。

お金の洗脳から出るための簡単な方法がありますので、お話ししましょう。

その基本が、先にお話しした「タダの先」です。

最初はタダの関係、無料の関係でも、相手が「もっと会いたい」「もっと一緒にいたい」と思われるような人になりましょう、というのが、「タダの先」でした。タダの先を考えて行動するということです。


タダとそうではないものを分けるもの、それがお金です。

お金が入ってくるかどうか、お金を払うかどうかの違いで考えているわけです。つまり、**「タダの先」がないような人、あるいはタダだと適当になってしまう人は、お金の洗脳が相当強く効いていて、その人の価値観の中にお金が深く入り込んで**しまっているのです。


よく考えてみてほしいのですが、タダの段階で手を抜いてしまうと、高いクオリティや満足がなくなってその先もなくなるわけですから、お金が入ってこないことになります。

ですから、「金ももらってないのに、いちいちこんなことやってられるか」「この程度のお金じゃ割に合わないよ」と言っている人は、うまくいきにくいのです。

しかも、そういう人がお金をもらってやれば、しっかりできるのかといえば、そうではありません。

もともと「やりたくないことをやる」というのは、お金のためにいやいややっているという生き方です。お金を自分の中のものすごく上位に置いてしまっていて、自分が何をやりたいのか、あまり考えていないことになります。

しかし、そういう人が「タダの先」を考えるようになってくると、頭の使い方が変わってくるのです。

「タダなのにやってられるか」ではなく、**「この無料の、タダの領域にこそ、先につながる道がある。先につながるために、タダでどうやっていこうか」**と考えれば、頭の使い方が変わります。

すでにお金に洗脳されている人が、「タダの先」という考え方をすることによって、頭の使い方が変わる。そうすれば徐々にお金の洗脳から脱していくことができます。

そういう頭の使い方をしていけば、自分がやりたいことがだんだん見えてくるようになります。

ですからぜひ、「タダの先があるようにするにはどうすればいいか」と考えてお金の洗脳から抜け出し、あなたが本当にやりたいこと、美しい生き方を実践していくきっかけにしてください。

お金に好かれる人の特徴❸

生活を整えて美しく生きている

「あなたが5億円、100億円もっていてもやりたいこと、それがあなたの本当にやりたいことなんですよ」と、したり顔で言う人がいます。

私に言わせれば、そういう人は、物事をあまり考えていない思慮の足りない人、自分のことを放っておいて、適当なことを言っている人です。

なぜこの類の話をする人がたくさんいるのかといえば、その話を「なるほど」と思って聞く人がたくさんいるからです。

私も、そういう話をありがたがって聞く層に響かせるためにそのように言うときがありますが、基本的には、「お金があってもやりたいことこそ、あなたのやりたいことだ」といった議論は、最初から問題にしていません。

「そんなわけないだろう」と思っているからです。


わかりやすいのは、宝くじに当たった人の例です。当選して大金が入ったから、それまでお金のためにやっていた仕事、お金のためにやっていたけれどもたいしてやりたくなかった仕事を辞める、という例が実際にあります。

やりたくなかったけど、お金のためにしょうがなくやっていたことを辞めた。それで自分の生きたい生き方が見つかるかといえば、そんなはずはありません。


だからどうでもいいことにパーッと散財し、お金がなくなってしまう人がたくさんいるわけです。

「お金があったときにやりたいことが、本当にやりたいことだ」という考えにあてはめると、お金がドンと入って散財する人が本当に心からやりたいことは散財なのか、ということです。

そんなわけがないということはすぐにわかるでしょう。

つまり、「お金があったらやりたいこと」「お金があってもやりたいこと」という想定は話にならない、ということです。

「やりたいこと」を、お金があるかどうかで考えるから、間違えるんです。

たとえば、部屋を片づけてきれいに美しくして生活するとします。部屋を片づけたらお金になるのかといえば、なりません。片づけるときにいらないものを売ればお金になるかもしれませんが、基本的にはお金にならない。お金にならないだけでなく、手間もかかります。

「手間もかかるし、お金にもならない。だけど、美しい環境で生活したい。美しくなることはいいことだ」と思うから片づけるわけです。

そうやって生きている人は、**お金があるかないかは大事ではなく、自分の生きたいライフスタイルが見えている**ということになります。

つまり、お金があってもやりたいことかどうかではなく、**どういうふうに生きるの**

が自分はいいのか、どう生きればわれながら素晴らしい人生を生きることができるのかを考えていく。

お金がどうこうではなく、どうなっているのがあるべき姿なのかを考え、習慣を一つひとつ変えていく。

そういうことをやっていると、もちろんお金はあとからついてきます。そういう人は「タダだから」と言って適当にやる人でもありません。美意識があるからです。

一つひとつのことを美しくやっていきたい、という気持ちが育っているのです。「お金は大事かもしれないけれど、それよりも美しくありたい」と考える。

「生活を整えて美しく生きよう」と意識することで、あなたも幸せを実感できるでしょう。それで結果的にたくさんのお金がついてくることになるのです。

お金に好かれる人の特徴 4

「お財布メイキング」をしている

タイで開いた私のセミナーに参加してくださった方に、お財布の中を見せていただきました。

海外のセミナーに参加できるくらいですから、すごく貧乏だとは思いませんが、それでも貧乏人の特徴があちこちに見えたので、指摘しました。

そしてオススメしたのが「お財布メイキング」です。

どういうことかというと、一流ホテルに泊まると、ベッドメイキングをしてくれます。一流ホテルでなくてもベッドメイキングはやってくれますが、やはり「一流」と呼ばれるホテルのほうがすごくきれいにベッドメイキングしてくれます。

お財布メイキングも同じような考えで、「**お財布を毎日きれいに整えましょう**」ということです。

この、「きれいに整える」「美しく整える」は具体的に言ったほうがわかりやすいので、貧乏人の財布の特徴をいくつかあげておきます。

タイでお財布チェックした人もそうでしたが、**貧乏人の財布は、とにかくレシートでいっぱい**です。

レシートは、買い物した結果もらえるものです。つまり、レシートばかりということは、たくさん買い物をしたということですから、よほどお金をもっているのかと思うと、たいていそうではありません。

前にも話しましたが、貧乏人の特徴に、「どうでもいいガラクタをたくさん買う」があります。どうでもいいガラクタにお金を使っても、お金は増えません。

お財布は、レシートではなく基本的にお金を入れるものです。

もっと別の言い方をすれば、お財布がきれいではないということは、お財布がゴミ箱みたいになっているということです。お財布は持ち運びゴミ箱、ポータブルゴミ箱ではないんです。

貧乏人の特徴として、お財布の中や引き出しの中、あるいは押し入れの中など見えないところがゴミ箱みたいになっている、ということがあります。

つまり、見えないところがいい加減。ですからおそらく、心の中もきっといい加減なのです。ほかの人に見えないと思って適当にいい加減なことを考え、いい加減なことを想像して生きているのでしょう。

「そういういい加減な人とまともに付き合おうと思う人がいるだろうか」とちょっと真面目に考えていけば、日常の中でやることが変わっていくはずです。

小さいことですが、まずは「お財布メイキング」、あなたのお財布の中もきれいにしてみてください。

お金に好かれる人の特徴 5

ボロボロのお札を持ち歩かない

前項で、お財布にレシートがたくさん入っている人の話をしました。

その人のお財布を開けてみたら、タイだったのでタイバーツが入っていたわけですが、それがシワシワなお札なんです。

「いったいどうすればそんなにこまかいシワが寄るんですか」というくらいのお札で、ティッシュペーパー代わりにしたのかというくらいシワシワで柔らかくなっているお札でした。


その人は日本から来ているわけです。現地で暮らしているならともかく、なんで旅行なのにシワシワのお札をもっているのか聞いたら、タイに来てから両替したそうです。

理由までは聞きませんでしたが、そのほうがレートがちょっと安いからでしょう。ちょっとレートが安いからといってボロボロでシワクチャのお札と交換するというのは、もう完全に貧乏発想なわけです。

「いや、吉永さん、そんなこと言ったって、新札もボロボロのお札も、どっちも同じお金、使えるじゃないですか」と言う人もいるでしょう。

でもそれは同じはずがないんですね。実際、その人も日本では新券両替をしていると言っていました。日本銀行券については新券両替をやっているということは、日本に対してのほうが愛があるということです。

「じゃあ外貨両替はどうやるんだ」ということですが、当たり前と言えば当たり前のことですから、知っている人が聞いてもつまらないかもしれません。

海外に行くときに羽田空港や成田空港で外貨両替すると、基本的に新札でくれるんです。空港内で両替したら、たとえば1000バーツ札でも100ドル札でもピン札がもらえます。これは素晴らしいことだと、いつも思います。
ただ、羽田や成田では少額紙幣はあまり枚数をくれません。特にチップが必要な国は少額紙幣が必要ですが、羽田や成田ではもらえないわけです。

少額紙幣はどうすればいいかというと、現地の空港ではなく、現地のホテルでくずしてもらえばいいのです。そうすれば、国にもよりますが、高級ホテルでは新札が出てくるものです。

「小さくする」は英語で break、「○○に姿を変える」という前置詞は into で、「頼む」ときは could you、「お札」は bill。それくらいの単語を知っていれば、言えるわけです。
たとえば１００ドル札を崩したいなら、構文としては「Could you break 100 dollar bills into smaller bills?」です。

「でもね、吉永さん。日本で暮らしていてお金を使うと、お財布に新券ばっかり入れてられませんよ」。たしかにそうですね。
私も全部新券かと言われたら、たしかに違います。これは、お釣りで受け取ることがあるからです。ですが、1000円札まで準備しておけば、ほとんどの場合、新券のみをお財布に入れておくことが可能です。

じゃあどうするかというと、これはさっきの人もそうですが、定期的に銀行に行って新券両替をします。

私は以前、小銭についてはすべて貯めておき、神社にお賽銭として入れていました。最近は、貯まった小銭を銀行でお札に変えてもらうこともしています。

いずれにしても、考え方としては「お財布メイキング」で、**どうやったらお財布がきれいにできるのか**を考える。どうすれば、白くてきれいなシーツがピンッと張ってある高級ホテルのベッドみたいなお財布になるのかを考えていけば、具体的な行動方針がわかってきます。

お金がない、時間がない、仕事がないという人が多いですが、まずはあるところからきれいにしていくということを、ぜひやってみてください。

お金に好かれる人の特徴 6

財布の小銭は1000円未満

お札については、新券両替して新券をお財布に入れておくといいですよ、というお話をしましたが、小銭をどうするか、です。

以前、私は小銭を全部貯めていました。より正確に言うと、帰宅したらお財布の中の小銭を、箱に入れて貯めていましたが、そうするとすごい量になるんです。

ですから、その小銭をさらに別の容器に入れて1年分貯め、初詣のときのお賽銭にしていました。

その理由は、実際に触れ合った人から手渡してもらった小銭をお賽銭にしたいという気持ちがあったからです。

今はどうかというと、**「小銭1000円未満理論」**でやっています。神社のお賽銭にするのと、世の中に返すのとでは違いはないと思っています。物を減らしてゆく過程で、小銭も減らして、こうなってゆきました。

具体的に言うと、お財布の中に1円玉は5枚以上入れない。なぜなら5円玉があるからです。100円玉も同じように4枚以上入れない。500円玉があるからです。この考え方だと、小銭入れには最大で999円。500円玉は1枚まで、100円玉は4枚まで、50円玉は1枚まで、10円玉は4枚まで、5円玉は1枚まで、1円玉は4枚までで、これ以上の小銭は入れない。

「そんなことないですよ。お財布に小銭たまっちゃいますよ」という人は、買い物するときに手抜きをして、小銭を出していないだけです。

もちろん、可能性としては、買い物したときお店のほうが小銭を準備していなくて数が増えるということはありえます。たとえば、お釣りに700円もらうとき、お店に500円玉がなければ、100円玉7枚を渡されるという可能性です。

もちろん、よいお店は最低の小銭の枚数で返ってきます。これはお札が新券で返ってくるお店よりもはるかに多いです。

今の日本では、多くのお店がきちんと小銭を準備してくれていて、最低の枚数で返してくれます。にもかかわらず、あなたの財布の中に小銭がたくさんあるのは、あなたのせいです。もちろん、あえて小銭を貯めている、小銭がジャリジャリいう音が好きという人は別です。

そうではないのに、999円以上、あるいは500円玉が2枚以上、100円玉が5枚以上、1円玉が5枚以上入っているなら、単にサボっているだけです。

こう考えると、小銭入れのサイズもわかってきますよね。

小銭1000円未満理論――これは、買い手としての場合です。売り手の場合には小銭はたくさん準備しておき、お客様にお釣りとして出すようにしなければいけません。
自らが買い手としてお財布を使うときには、小銭は1000円未満で収まるはずです。

誤解を防ぐために書くのですが、この「小銭1000円未満理論」の話は、「朝出かけるとき、お財布に999円の小銭を準備する」という意味ではありません。

お財布の中の小銭は家に帰って足すわけでもなく、引くわけでもありません。そうすると、日によって、帰宅時のお財布の中の小銭の量は違います（ちなみに、私はお財布のために、家に帰ったら、小銭はお財布から出して小銭置き場に置いています）。

あるときは10円かもしれない。あるときには352円かもしれない。あるときには863円かもしれないし、あるときには65円かもしれない。あるときには小銭がないかもしれません。

それはそのままでいいんです。

肝心なのは、買い物をするときにお財布の中の小銭をなるべく使うようにすることです。

たとえば、862円の物を買ったとき、お財布の中に1円玉が2枚以上ある場合には、きちんと1円玉を2枚出すことです。これが小銭1000円未満理論の実践となる習慣です。

これをきちんと行うと、お財布の中には1円玉は最大で4枚まで（0枚、1枚、2枚、3枚、4枚のどれか）。5円玉は最大で1枚まで（0枚か1枚）。10円玉は最大で4枚まで（0枚か1枚か2枚か3枚か4枚）。50円玉は最大で1枚まで（0枚か1枚）。100円玉は最大で4枚まで（0枚か1枚か2枚か3枚か4枚）。500円玉は最大で1枚まで（0枚か1枚）。

お財布の中には、これしか小銭が入らないはずなんです。

実際にお財布の中に小銭が999円入っているときはかなり稀で、めったにないと思います。


小銭1000円未満理論。これを実践しにくい場面は、レジでお会計をするときに小銭を出していると少し遅くなるので、「時間がない。時間がない」と焦って生きている貧乏人からギロッと睨まれるときです。

そもそもお会計のときに並ぶお店は、基本的にはグレードが低いお店ですが、今そういう段階にいるのであれば、ぜひ、**小銭をきちんとお財布から出して**払いましょう。

そうすれば、あなたのお財布が小銭で膨れ上がるなんてことは決して起こらないのです。

小銭1000円未満理論。よかったらぜひ実践して、こういうところからあなたの生活をより美しくしていってください。

お金に好かれる人の特徴 ❼

「お金は払ったほうが得」と思っている

「なるべくお金を払わないようにしよう」というのは、典型的な貧乏発想です。「**なるべくお金を払いたい。だから、価値があるもの、価値があること、価値がある人を探している**」というのが富豪発想です。

貧乏発想、富豪発想というのは、「今貧乏か、今富豪か」ということではありません。将来貧乏になっていくような考え方、将来、より貧乏になるような発想が貧乏発想です。

ですからもし、相続財産などで現在富豪の人がいたとしても、貧乏発想で生きていると、その財産を減らしてしまうでしょう。

一方、成功者の発想とは、富豪発想であり、将来富豪になっていく力をもっています。

「お金を払わないようにしよう」と考えると、安物を探すことになりますが、品質の低い安物を買って節約することで、本当に幸せになれるんでしょうか。

私は、安物を探すのではなく、**今の自分が手に入れられる最高の物を手に入れようとするのが基本**だと思っています。

たとえば、各種無料のサービスを使って損をしている人がいます。どうでもいいようなことをケチって、人生の品質を下げているわけです。

もちろん、無料でも、品質が十分によければＯＫです。お金を払ったほうがよいのに、無料を選択するのが貧乏発想です。

「なんだ、金とるのか」ではなく、「喜んでお金を払う」が成功者の発想です。いいものにはお金を払いたい、というのが基本。

「お金は払うのが当たり前。タダというのは気持ちが悪い。なぜなら払いたいから」というのが、成功者の基本中の基本です。

もちろん、ボラれるのは拒否します。お金は払ったほうが得ですが、買う必要がないようなガラクタを買うのは得でもなんでもありません。

逆にお金をもらうときはどうかというと、「お金をもらう場合には、その価格に相当する価値を何がなんでも、死んででも絶対に超えなければいけない」というのが成功者のルールです。

ただし、超えたかどうかは、お金を払う人が決めるのではありません。自分で決めます。なぜなら、貧乏人は、価値評価ができないからです。

私がお金をもらう側なら、私の価値観、マイルールに照らし合わせて、死んでも絶対にその価格の価値を超えなければいけない。そういうルールで生きていると、どちらかというと、お金をもらうと緊張します。

お金は払ったほうが得。それも、よいもの、よいこと、よい人に払いたい。そう思って私はいつも払う先を探しています。

お金に好かれる人の特徴 8

お金の使い方を知っている

貧乏人は、お金の使い方が間違っています。だから「お金がない。お金がない」と言っているわけです。

お金がない理由をどう考えているかというと、「稼ぎが少ない」ととらえています。だから、いつも「もっと稼げたらいいな」という典型的な貧乏発想になるのです。

成功者の発想はどうかというと、もちろん「どうやったら稼げるか」も考えないわけではありませんが、基本的には「**どうやって使おうか**」です。

貧乏人のほうに進んでいくのか、それとも成功者のほうに進んでいくのかを分けるのは、実は稼ぎ方よりも使い方です。

そして、お金のよい使い方には二つあると考えてください。この二つの基準に沿ってお金を使っていくと、お金持ちになっていくことができるんです。

その二つの基準とは、「**進化と提供**」です。

「ここにお金を使ったら、自分が進化するな」と思ったらそこに使う。逆に「これを買っても自分は進化しないな」と思ったら、そこに使ってはいけません。

また、「ここに使えばこの人に役立つ」「この人が喜ぶ」「この人のためになる」と「提供」になる場合には使えばいいでしょう。逆に「ここにお金を使っても誰の役にも立たない」ということには使わない。

これからあなたがお金を使うときは、この「進化と提供」という二つの要素のどちらか、あるいは、両方を含むほうに使っていけば、お金を使うことが投資行為になります。

この二つの基準によって、**適切な投資対象選定が起こり、お金が増え始めます**ので、ぜひやってみてください。

お金に好かれる人の特徴 9

「借金は得だ」と考える

投資家と消費者を対比して考えるとわかりやすいので、コントラストをつけてお話しします。

まず投資家は、お金を使いたくてたまりません。「使いたいな、使いたいな」と思っていて、「どこに投資したらいいんだろう。よいものに、よいことに、よい人に使いたいな」と常に探しています。

一方、消費者は、「なるべくお金を使いたくないな」と思い、「節約」などと言って、ケチケチ生きています。使いたくないのにたまにお金を使うと、どうしようもないムダなガラクタを買うなど、やらなくていいことにお金を払ったり、どうでもいい付き合いにお金を使ったりします。

さらに、投資家は「**借金はできるほど得**」と考えています。もちろん、借金といっても金利があるので、金利が高すぎるような借金は得になりませんが、**まともな借金、つまり通常の金利なら、借りれば借りるほど得**だと考えています。

なぜなら、借りればもっと増やせるからです。

一方、消費者は「借金は危険だ」と考えています。ですから、「借金」と聞くとマイナスのイメージをします。借金＝いやなこと・悪いこと、という考えです。

投資家の側からすると、「借金」というとワクワク、ニコニコ、キラキラで、「借金ですか、うれしい！」。それくらい違います。

実際、消費者は消費するだけですから、生きている充実感も薄いんです。消費しているだけで、生み出している実感がないからです。

だから私は、消費者として生きてきた人、単なる消費者として生きている人を投資家に育てたいと思って、「投資家教育」をやっているのです。具体的には、インターネット上で『投資入門』という1年間の音声講座もやっていますし、セミナーも時折開催しています。

公式メルマガの読者さんを中心に、より親密に教えるスクールもやっています。

今のところは、値動きの分析を中心に、チャートから売買差益を取る方法を教えていますが、そこを基礎として、ゆくゆくは、発展させたい事業への投資にも進んでいく予定です。

もちろん私自身も、投資家としてさらに発展していきたいと思っています。

お金に好かれる人の特徴 10

「消費0、浪費0、投資100」の使い方をしている

某新聞に「お金を貯められる人になる90日間プログラム」とあったので、試しに見てみました。

「世間ではお金についてどう言ってるのかな」「大衆洗脳をどうやってるのかな」ということを知るために、見たわけです。

読んでみると典型的な大衆洗脳で、「貧乏発想を叩き込んでやる」という気合満載です。どんなことが書いてあるかというと、「収入を増やすよりも支出を減らせ」——もうこれは完璧に100パーセント貧乏発想です。

どんなに支出を減らしたところで、収入を増やさなければ上限値が決まってきます。

しかも支出を減らすということは、お金を使わないわけですから、基本的に生活水準が下がるわけです。

生活水準を下げずに節約できるレベルというのは、お金の使い方が相当いい加減な段階ですから、そんな低レベルな話を聞いてもしょうがないでしょう。

だから「今あるものを長く使いましょう」とか、「物を買うときはほしいかどうかではなく必要かどうかで買いましょう」という貧乏発想になるわけです。

ではどうすればいいかというと、前にお話しした「**進化と提供**」です。これまでの自分を超えて進化できるような、たとえば、今までの自分が買わないようないい服を買う。これも進化です。

それから、「提供」になっているものにお金を使う。「誰かの役に立つかな」と考えてお金を使うことは、必要かどうかで買うのとは全然違います。

「お金を貯められる人になる90日間プログラム」には、お金の割当の理想として、「消費70パーセント、浪費5パーセント、投資25パーセント」と書いてありました。

これは「理想」という言葉をナメているというか、「あなたの理想はそんなのですか、それが理想なんですか、ふーん」という感じです。

私の理想は、「**消費0パーセント、浪費0パーセント、投資100パーセント**」です。

私に言わせれば、このようなプログラムを信じて、その教えを心に抱いて生きていたら、貧乏人確定です。

お金に好かれる人の特徴 ⓫

「ムダ稼ぎ」しない

「ムダ使い」とは、いらないものを買う、使わないものを買う、たいしてよくないものを買う、ガラクタを買うことです。せっかく買っても、そこから価値を得られないのであれば、ムダです。

一方、価値が得られるようなお金の使い方の基準が、「進化と提供」です。自分がもっと進化できる、誰かのためになる、誰かが喜ぶ――こういう観点でお金を使いましょうというお話をしました。

もちろん、誰かを喜ばせるとは、よい人を喜ばせるということです。そうやって自分の人格がすごく高まってくると、全員がよい人に見えるようになるらしいですが、私もまだそこまで行っていません。

「ムダ使い」という表現は、すごく一般的です。なぜなら、貧乏発想は「節約」を重視するからです。世の中の多くの貧乏人は、「節約」というところから考えるため、よく「ムダ使い」と言うわけです。

実は、「**ムダ稼ぎ**」というのがあります。

「吉永さん、稼ぐんだったら、ムダでもなんでも稼げるだけ稼いだらいいじゃないですか。お金はあっても困らないでしょう」というのもまた、貧乏発想です。本当に自分のことしか考えていない、ひどい発想です。

ムダ稼ぎとは何かというと、稼いでも使わないことです。せっかくお金を稼いでもそれを使わない、使わないならそれはムダです。だから「ムダ稼ぎ」です。

稼いだお金は世の中のために、よいことのために、素晴らしい人、素晴らしいもの、素晴らしいことを探して、ドンドン使っていく。

そうすると、稼ぐ―使うという、よい経済循環が起こります。それはこの貨幣経済全体のシステムに対して、貢献していることになるわけです。

このように、「ムダ稼ぎをしないというのはこういう意味です」と説明すると、今度はどんな貧乏発想がムクムクっと出てくるかというと、「じゃあ、使う分だけ稼いだらいいいんですね。使う分よりも稼ぐのはムダですから」です。

私はそういうことを言っているのではなく、どんどん稼いでどんどん使いましょうと言っているのです。稼ぎが増えてくると、使い切れなくなってくるわけです。

使い切れないから、なるべくよい人、よいもの、よいことを探して、投資していくわけです。もちろん、ムダ使いは資源のムダですから、どんどん使うと言っても、なんでもバンバン使えばいいというわけではありません。

「じゃあ、使い切れなかったら結局ムダじゃないですか」と思うかもしれませんが、そんなことはありません。なるべく使い切るようにするわけですし、死んだら、今度は国が使ってくれたり、誰かが使えるようにしておけばいいだけのことです。

ムダ使いをしない。ムダ稼ぎもしない。

素晴らしい価値を提供して愛ある存在になり、どんどん稼いで、そしてまた愛ある使い方をして、どんどん使って流していく――このサイクルをまわすことで、あなたは金銭的にも、心も豊かになってゆくのです。

お金に好かれる人の特徴 ⑫

お金と時間と筋肉と愛をもっている

成功者は、「お金と時間と筋肉と愛」のすべてをもっています（ちなみに、ここでいう筋肉とは健康の一つのシンボルで、必ずしも、筋肉ムキムキという意味ではありません）。

貧乏人は、お金も時間も筋肉もありません。身体の調子も健康も悪いし、愛もないというのが貧乏人です。

そこから上がっていくには、まず一つの要素を強めるという方法があります。しかし一つの要素を強めるだけでは、まだ成功者ではありません。

たとえば、お金だけ圧倒的に増やすと、成金になってしまうわけです。時間だけ増やしたら暇人になります。筋肉だけ増やすと筋肉バカになってしまい、愛だけ増やすと……愛だけ増やすということはありません。

お金と時間と筋肉については認識しやすいですが、愛の場合、「愛ってなんだろう」というところがとらえにくいのです。愛を増やしているつもりで全然違うことをやっている、ということが起こります。貧乏人は、何をやっても間違ってしまうため、愛だけを伸ばそうとすると、違った方向に突っ走る可能性が高まるのです。

愛は上位概念ですから、もし愛を増やすことができれば、お金も時間も筋肉も増えていくでしょう。

しかしそれは非常に勘違いしやすいため、お金や時間、筋肉を増やしながら愛を増やすほうが安全です。

これらの要素の一つが突出しているだけでは、成功者とはいえません。

たとえば、お金があっても時間がない、筋肉がついたけどお金も時間もない。

これらの要素を高度なレベルで統合しているのが成功者ですが、病気の人は成功者になれないのかといえばそうではありません。一人ひとり、与えられている状況があって、その状況の中でこれらの要素を高度に統合させていけばいいのです。

こう考えていけば、成功者のイメージが掴めてくると思います。

ここでは「お金と時間と筋肉と愛」について話しましたが、もちろん、**美しさも成功者の一つの側面**としてとらえることができます。そして、美しさは、愛から出てきます。

あなたが、あなたの身体を大切にすれば、あなたの身体は美しくなります。

あなたが、あなたの家具を大切にすれば、あなたの家具は美しくなるでしょう。

今のあなたの状態から成功者になっていくにはどうすればいいのか、この成功者の要素を参考にして考え、実践することで、それぞれの要素が助け合い、あなたは好循環に入ります。

お金に好かれる人の特徴13

「ほしくないけど必要だから買う」をしない

責任逃れに命をかけているのが貧乏人です（32ページ参照）。たとえば買い物をするときでも、「ほしくないけど、必要だから買ったんです」などと言うわけです。

「あなたのお金なんだから、何を買うかはあなたが決めていいんじゃないの。なんでほしくないものを買うの？」と私は思います。

そもそも貧乏人は、さまざまな決定権を放棄して生きています。自ら望んで、自らの人生の主人公であるという権利を放棄して生きている。だからお金を使うときでも、ほしいものを買わないんです。

ほしくないものは買わなければいいのに、なんでわざわざ買うのでしょう。本当に謎です。

一方、成功者は、**驚くほど厳選した「本物」**しか買いません。それを見た貧乏人は、「お金をもっているんだから、もっと何か買えばいいじゃない、ケチ」などと言うわけです。しかし、お金をもっているのは、投資対象選定がしっかりしている結果としてお金が増えているからです。

お金があったらムダ使いしてもいいと思っているのが、貧乏人です。そんな貧乏人にお金を渡したら食いつぶすということが最初からわかっているため、貧乏人には誰もお金を投資しないわけです。

これも当たり前のことですが、あなたが買う以上は、あなたが決定権をもっているお金を動かす以上は、**あなたが本物と認めたもの、本物と認めた事、本物と認めた人だけに使ってほしい**と思います。

言い換えれば、ほしいくらいのものも買わない。**あなたが本物と認める、本当に死ぬほどほしいものだけを買う**ということです。

これを100パーセントできたらすごいと思います。私も現状では100パーセントできているわけではありません。ですが、100パーセントをめざして挑戦し続けています。

一歩一歩、毎日、0・1パーセントでも、その割合を増やそうとしています。ほしいものを買う。本当に当たり前のことです。必要性に負けず、これを貫けるように生きていってください。

お金に好かれる人の特徴 14

ホコリやゴミを徹底的に排除する

成功者になりたいのであれば、徹底的にホコリを排除してください。

貧乏人の部屋はホコリだらけだったりしますが、もうそれだけで成功者にはなれません。

成功者が好んで行く場所を見てみるとわかるのですが、**ホコリの排除が徹底**されています。成功者から見たら、ホコリがあるというだけで評価がガタ落ちになってしまうというわけです。

それでまず自分の部屋のホコリの排除を行うわけですが、どうすればホコリを排除できるのか。これを考えて実践するだけでもかなり頭がよくなりますし、行動力もつくはずです。

自分自身がそうやって実践していると、よいお店やよいホテルに行ったとき、ホコリが全然なくてきれいだと感じられ、そのすごさも伝わってきますし、どんな工夫をしているのかが見えてきますから、それを真似するなど自らの実践にもつながるわけです（たとえば、パリの中心部にある高級ホテルのリッツパリだと、テレビの背面をなくすために、鏡に埋め込んだり、イーゼル状にしたりしています）。

逆に、頭も悪いし行動力もない、価値観もおかしい貧乏人の部屋は、平気でホコリが溜まっています。それどころか、溜まったホコリが大きくなっているのを貯金みたいに思って、「私も時間をかけて、こんなにホコリを育てたんだな」という、おかしな誇りを感じたりもしているようです。

生き方の向きが、成功者とは本当に真逆なんです。**成功者はホコリを徹底排除して、貧乏人はホコリを育てて喜んでいる。**

こういう話をすると、自己正当化に命をかけている貧乏人は、「それって潔癖症ですか」などと言いますが、そういうことを言って面白いと思っているんです。

価値あるものをバカにして、面白いことを言っていると思うのも、貧乏人の特徴です。ホコリを拭くということは潔癖症などではなく、当たり前のことです。しかも、溜めてから拭くのではなく、即座に拭きます。

成功者は、後回しにしないからです。

貧乏人は床にホコリを溜めるだけではなく、床にゴミを捨てたりします。ゴミやホコリを自ら増やしているようないい加減な生き方をしながら、「私には夢がある」などと言っているのです。

夢を語る前に部屋を掃除しろよ、ということです。

こんなに身近で簡単なことすらできないのであれば、成功するのはあきらめましょう。その程度の人物だったのですから、仕方ありません。

貧乏人は

・「タダ」の関係で終わる
・やりたいことを「お金」で判断する
・財布の中に余計なものばかり入れる
・お札が汚くても気にならない
・財布が小銭だらけ
・お金を払わないようにする
・「どうやったら稼げるか」しか考えない
・「借金は危険だ」と考える

成功者は

・「タダの先」がある
・「ライフスタイルに合うか合わないか」で判断する
・財布の中が整っている
・新札をたくさん入れておく
・財布に最低限の小銭のみを入れている
・「お金は払ったほうが得」と思っている
・「どうやって使おうか」を考える
・喜んで借金をする

・支出を減らそうとしてお金を使わない
・稼いでも使わない
・お金も時間も筋肉もない
・ほしくなくても必要なものにお金を使う
・まわりがホコリだらけ

・自分の進化できるものと誰かの役に立つことにどんどんお金を使う
・どんどん稼いでどんどん使う
・お金も時間も筋肉ももっている
・本物と認めたもの・事・人にお金を使う
・ホコリを徹底排除する

第4章 ▼▼

成功者になるために

これまで、貧乏人の特徴と口癖、
お金に好かれる人の特徴について述べてきました。
これらを参考にするだけでも、
貧乏発想から抜け出すヒントになるはずです。
ここではそれらを踏まえ、成功者の考え方や
実際に行動していることを紹介していきます。

これを読むだけでも、
ほんの少しだけ成功者に近づきますし、
「成功者って、こういうものなんだ」
ということがおわかりいただけると思います。
そして、あなた自身がこれから行動に移すことで、
日々、ゆっくりと少しずつ、
成功者になってゆくことができるのです。

成功者になるために 1

理想生活のシンボルをもつ

誰でも「理想の生活」があるのではないでしょうか。

理想の生活を実践するためには、コツがあります。それが「**ベイビーステップ**」です。**まずは小さいところから始める**ということです。

自分が「理想だ」と感じられることが大事ですから、たとえば部屋はいつもきれいにするとか、iPhoneの画面は拭いておく、お気に入りの香水をつけるなどです。

そういう、ちょっとした理想生活を感じさせることをする。あなたの今の生活のアベレージより、ちょっと上がっている感じがすることがいいでしょう。

つまり、高品質な物や、場合によっては高級品の購入もいいかもしれません。

こう言うと、「一点豪華主義ですね」と思う人もいるかもしれませんが、違います。高級品を身につけたり、もったりしたときに悪い印象を与えるのは、その高級品の扱いが悪いからです。クタクタしていたり、汚れていたりするなど、せっかくのよいものが汚されている感じを与えるから印象が悪くなるんです。

「この人にいい物をあげても、汚されるんじゃないか。大事なものをあげても、汚くなっちゃうんじゃないか」という印象を与えてしまいます。

それは**理想生活のシンボル**になっていないわけです。

一つのいいものをもったとき、それが光り輝いていて、その美しさがまわりに波及し、「この人の生活はより美しくなっていくんだろうな」という期待感や雰囲気が生まれることが大切です。

「一点豪華主義」という捉え方だと、そこだけ浮いてしまいます。しかも、その他の場所を「豪華以外」と捉えるでしょうから、全体に華やかさが波及しません。

あなたの今の価値基準の中で、本当にいいものをもちましょう。

「本当にいいもの」と言われてもわからないかもしれませんが、たとえばこれまで数千円の香水をつけているのなら、10倍くらいの値段のものにする。100倍でも1000倍でもかまいません。

もちろん、値段だけで選ぶことには意味がありません。本当に心からよいと思えるかどうかが重要で、その場合、価格帯が上がることが多いのです。

そして、そのシンボルに見合う自分になるように、自分を高めます。

服でも、高級なものは、破れやすかったり、汚れやすかったりします。お皿なども、たいてい割れやすいです。自分の所作が悪いと、すぐにダメになります。むしろ、安物のほうが、丈夫で、長持ちしたりします。

そうやって、がんばって買った「高いもの」をダメにしながら、反省して、人は進化してゆくのです。

そうした理想生活のシンボルをもてば、そのシンボルがあなたを導いていってくれます。まずあなたの理想生活のシンボルは何かを考え、生活に取り入れていってください。

成功者になるために❷

不平等ピラミッドの上をめざす

世界の人口70億人のたった1パーセントが世界の富の半分を保有している、といわれています。そしてさらに、35億人分の資産総額に匹敵するほどの資産をもっている世界の富裕層は、およそ80人程度だそうです。

こう聞くと「おかしい、不平等だ」「こんな社会はダメだ」と思う人がいますが、それもまた、典型的な貧乏発想です。

どうしてかというと、「社会がおかしい」と言うことは周囲の現実を否定していることになり、自分のやるべきことをやらなくなるからです。

「おかしい」と言って怒るだけではなく、社会をどうしていくか、**自分の望む理想に**

向けてどう変えていくかを日々真剣に考え、行動するべきでしょう。

たいていの人は、「人口の1パーセントが世界の富の半分を保有している」という話を聞いて「おかしい」と怒ったとしても、何もしません。

怒って毎日いい加減に生きている。だから貧乏なのです。

たとえばこのような「不平等なピラミッド」の世界で、あなたがもし上に行きたいとします。

数少ない一部の人間になりたい、豊かな層に行きたいとしたら、一日一日を普通レベルで生きていたら、なれるはずがありません。

やはり、それには**一つひとつのことを丁寧に、高品質にやっていくしかない**のです。

後回しにするのが普通の人なわけですから、「自分は今日のことは今日やりきろう、まわりはサボってるけど自分はやるんだ」と決心してやっていく。それが大事になっていくわけです。

私は『2極化サバイバルセミナー』を開催していました。これからはこの2極化がさらに進行していき、ちょっと何かをやるくらいでは下落圧力に呑まれ、どんどん下の層に行ってしまう方向へと時代は流れてゆくだろうからです。

そんな時代に上に行こうと思ったら、本当に一つひとつのことを丁寧にやって、一般レベルでは話にならないという意識をもつ。そしてまわりは適当でいい加減でも、自分はこまかいことに注意して、「不平等ピラミッド、ドンと来い」と胸を張ってください。

不平等ピラミッドに怒るのでなく、「じゃあ、上に行ってやる」という気概で、今日も一日やりきってください。

成功者になるために 3

今から未来の現実を生きる

今の幸せが重要です。

今を未来の犠牲にしない。

人間関係で言えば、あなたが誰かと会っているとき、その誰かが、あなたと会っているその瞬間、あなたと会っているその間を、なるべくうれしく感じるように、喜びであると思うようにすることです。

これが「今を楽しくする」ということです。

あくまでも**今の喜び、今の幸せを確保したうえで、未来に備えていく**わけです。この、今を生きることが未来につながっていくという、時の流れを考える。これが幸せを考えるときの一つの軸になるわけです。

「今楽しい」が、未来の幸せの種になるのです。

では、過去はどうなのか。過去について考えるときにはポイントがあります。過去を思い出したり、考えるときは、基本的には今の課題を解決したり、今を生きるために行いましょう。**過去を、あくまで今のための材料にする**わけです。

その中で特に大事なことが、過去のあなたの体験が今のあなたの判断体系をつくっている、つまり過去を思い出すことによって、今のあなた自身を知ることです。そうすれば、今のあなたの判断体系がわかるからです。

過去を思い出し、今の判断体系や感じ方が見えてくることで、今のあなたの判断体系、今のあなたの感じ方をよりよいものにしていくのです。

成功者になるために 4

片づける、磨く

「何をやっていいかわからない」「どうも落ち込んでいる……」という人がやったほうがいいことは、**「片づけ」**と**「磨く」**です。

片づけとは、部屋の片づけ、整理整頓などです。磨くとは、雑巾やブラシで拭いたり磨いたりしてピカピカにしていく。まずこれをやるといいんです。

私が主にやろうとしている援助も、この「整理と磨く」です。

たとえば、こういう書籍を通じて、あなたの心の中を整理する。考え方や価値観、欲望など、私たちの心はいろいろな矛盾を抱えているものです。そういったものを整理する手助けです。

教育の多くは、新しい知識をどんどん入れていくわけですが、それは部屋でいえば、毎日宅配便で物を買うため部屋の整理が追いついてない、という状態になりやすいのです。

現代は情報過多の時代と言われているように、実際いろいろな情報が入ってきます。インターネット、テレビ、ラジオ、雑誌などからです。

そのため、**心の中にいろいろな価値観や考え方、行動方針などが入っていて、ほとんどの人の心の中はグチャグチャ**になっています。ですから、それを整理していきましょう。

心の中を磨くとは、「高める」ということです。たとえば、今話している「片づける」ということにしても、「じゃあ、心を片づけるってどういうことだろう」「心を整理するってどういうことかな」「整理するとかシンプルにするとはどういうことなんだろう」と考え、それに関する観念が高まっていくのが、心の世界を磨くことに相当します。

これは、**考え方を美しくしていく**ということでもあります。
あなたの心や考え方を美しくしていくと、あなたと触れ合った人は、その美しさを必ず感じます。「必ず」と言っても、相手の感受性によって程度問題はありますが、必ず感じますから、あなたの心の中を整理し、磨いていく。

心を先に美しくするのもいいですし、部屋を片づけることから始めてもいいです。たとえば、デスクの上や部屋を片づけることから、心の片づけも進みますし、その逆もあるからです。

どちらから入ってもいいですが、一般的に物のほうが目で見てわかりますし、扱いやすいでしょう。ですから「何をやったらいいかわからない」という人は、持ち物を片づけ、磨く。この二つをやってみてください。

成功者になるために 5

気持ちのいい達成イメージをもつ

「目標をもつことが大事」「将来どうなりたいかをよく考えてイメージしましょう」とは、よく言われることです。これは私も効果的だと思っています。

これもステップバイステップで伸ばしていくスキルですから、いきなり「将来のなりたい姿を鮮明にイメージしましょう」と言われても、なかなかできないわけです。

どうやればいいかというと、これも、「片づけ」と「磨く」です。特に今のあなたが住んでいる部屋や、車があるなら車の外側、内側などを、片づけ、磨く。

これは、もちろん誰かにやってもらってもいいわけです。喜んでやってくれる人がいないのなら、自分でやる。そもそも自分がやるときも喜んでやれるようじゃないといけません。
この「人は何を喜ぶのか」を理解できていないから、何をやったらいいかわからなくなるわけです。

片づけと磨くもそうです。「面倒くさいし、なんでそれをやらなければならないのかわかりません」と思っている人は、**まずきれいな部屋を見て**ください。ホテルでも旅館でもいいですし、写真集でもインターネットでもいいですから、見てみる。あるいは知り合いのきれいな家に行ってみる。

そうすると気持ちがいいんです。きれいな場所を見たり、実際に行くと気持ちがいい。その気持ちよさを自分の空間に持ち込むんだ、と思ってください。

たとえば、部屋の中だったら、机の一角をきれいにする、キッチンの床を磨く。まず片づけたり、磨けるところからやってみる。

達成イメージも同じです。急に「5年後、10年後はこうなりたい」ということを鮮明にイメージするのは大変ですから、あなたの身近なところを見る。空間的にも身近なところ。時間的にも遠い将来ではなく、**近い未来を達成イメージで鮮明に描いてみる**わけです。

重要なのは、**そのイメージが自分にとって気持ちがいいもの、喜びをもたらすもの、憧れの実現である**ということです。

憧れは通常、美しさを伴いますから、美しさに近づけると思えば、あなたの魂が喜ぶような感じで行動力が出てくるでしょう。

成功者になるために 6

大多数の貧乏人と距離を置く

世の中のほとんどの人が、実は貧乏人なのです。

不平等ピラミッドでお話ししましたが、上の人はすごく少なく、下に行くほど人数が増え、ダラケている底辺の貧乏人は、すごい人数になっています。

まず「世の中はそうなっている」という事実認識、世界観をもつことが大事です。

そういう感覚をもっていないとどうなるかというと、まわりを見渡して「こんなもんでいいのか」と錯覚し、多数の貧乏人の中にあなたが紛れていってしまうからです。

このような書籍を読んで勉強しているあなたは、やはり上をめざし、少しでも向上したいと思っているはずです。「向上心があるのに貧乏人の中に埋もれていいんですか？」ということです。

では、事実認識をもったらどうすればいいのか。

貧乏人はものすごい数なわけですから、サンプル数も多い。つまり、**貧乏人の生き方や考え方を反面教師にする**のです。

これからあなたが何かをしようとするとき、その方針が「大多数の貧乏人っぽいことをやっていないかな」と考えてみてほしいんです。このとき、第1章と第2章の「貧乏人の特徴と口癖」が参考になります。もし、大多数の貧乏人と同じことをやっていたら、結果としてあなたもその中に入ってしまうわけです。

そうではなく、大多数の貧乏人が思いつきもしないような、めざしもしないような高品質のことをやっていく。

あるいは、貧乏人たちがいっせいに同じようなことをする場面で、あえて「違う行動」をやってみる。貧乏大衆からの同調圧力に呑まれているようでは、そこから抜け出すことはできないからです。

つまりは、「反面教師にする」ということを、しっかり実践することです。

さらに言うと、貧乏人とは、物理的な距離も取る。私も実際、道ですれ違うときに、よけたりしています。貧乏人は、焦っているし、周囲を見て反応できないし、ぶつかってくることも多いからです。

そうやって生きていくと、まわりの大多数の貧乏人のような「こんなもんか」という生き方とは全然違うものになっていきます。

ぜひ、あなたが何かをやるときは、大多数の貧乏人と同じレベルのことをやっていないかを意識してみてください。

成功者になるために 7

「全体的ヘルプ」を考える

「あんなにしてあげたのに、あの人は感謝しない」と怒る人がいます。

たしかに感謝の気持ちが弱い人は実際にいますが、「感謝が起こりやすい提供」にはポイントがあるんです。

それが「**全体的ヘルプ**」です。


手伝ってあげたり、プレゼントをあげたり、いろいろやってあげても、いまいち感謝されない。感謝されないのは、「部分的ヘルプ」だからです。相手が「部分的なことをやってもらったにすぎない」というふうに感じているからです。

「やったのは小さなことなのに『大きく感謝しろ』と要求されている」と感じますか

ら、「差し引き、奪われている」と思うわけです。

部分的ヘルプは、所詮は部分的なものですから、すごく喜んだとしても、またすぐに戻ってしまいます。それに対して全体的なヘルプは、「救われた」くらいの感覚をもたらすことがあるくらいのヘルプです。その感動は、長く続きます。

それには、「その人自身」にまで影響を与えなければいけません。**なるべく、深い「原因」にまではたらきかける**ということです。

たとえば、部屋を散らかしている人がいるとしましょう。だからこそ、一緒に片づけてあげる。これだけだと、部分的ヘルプにとどまるかもしれません。

親が子供の部屋を片づけてあげて、むしろ、いやな顔をされたりする。それも、部分的ヘルプにとどまっているからです。

私たち人間には、自覚している「自分の気持ち」があります。この「気持ち」を、今、何が占めているか。

そのときの、主要な問題意識にはたらきかけなければ、全体的ヘルプにはなりません。

それには、今のその人の苦しみと望みを知る必要があります。**この主要な「苦しみと望み」のほぼ全範囲に影響するようなヘルプが、全体的ヘルプ**です。

たとえば、学校でいじめられて苦しんでいる子がいるとします。それが主要な苦しみであるときに、「部屋が散らかっている」という苦しみの解消を援助されても、価値は低いのです。

また、そのいじめに介入するとしても、一時的に状況が解消するだけでは、部分的ヘルプにとどまります。それが近い将来に、よりひどい結果をもたらすならば、ヘルプどころか、妨害です。

部屋が散らかっていることが主要な苦しみの場合、片づけを手伝えば、喜ばれるでしょう。しかし、しばらくして、また散らかるならば、部分的ヘルプにとどまっているのです。

なぜか、片づけたくなる。自然に、きれいにするようになった。そこまで影響を与えることができれば、全体的ヘルプになっていると言えます。

もちろん、「片づけなさい！」と怒鳴るだけでは……全体的ヘルプに、なるはずがありません。

成功者になるために 8

全体的ヘルプ&部分的ヘルプの両方を心がける

前にお話しした全体的ヘルプとは、自分の全体、自分そのものが助けられたような感覚をもたらすヘルプのことです。人はそういうものに大きな価値を感じますし、実際に大きな価値があるわけです。

では部分的ヘルプに意味がないかといえば、そうではありません。ただ、部分的ヘルプの使い方は、あくまでも全体的なヘルプを行ったうえで、スパイスとして繰り出していくものです。ですから実際には、**全体的ヘルプと部分的ヘルプの両方をやっていく**ことになります。

部分的ヘルプばかりがんばって提供しているために全然感謝されない、ちょっとしか感謝されない、というパターンがよくあります。せっかく提供しているわけですから、それではもったいないでしょう。

全体的ヘルプは、相手を理解していることになります。その人にとって何が本当に価値あることなのかを理解することが、今後ますます問われてくると思います。

感謝されるためには、**全体的ヘルプをして、スパイスとして部分的なヘルプも繰り出す**。そして、**人目につく日向《ひなた》で助け、人目につかない日陰でも助ける**。また、本人の気がつかないところで助けるなど、提供の積み重ねです。

あなたの大切にしたい人に全体的なヘルプも行い、部分的なヘルプも行ってください。そして、日向に助けて日陰に助けて、というのをぜひやってみてください。

成功者になるために 9

気にしすぎない

あなたのまわりにも、すごく気にしすぎる人がいませんか。

何かやろうとしても、「○○だから」「こうなったらどうしよう」「変なふうに思われるんじゃないか」「相手が怒るかもしれない」などなど。

とにかくいろんなことを気にして、無難に生きている人たちが大量にいるわけです。

無難に生きている人は、大勢の中に埋もれる人になりますから、価値がないことになります。


もし親切な人が、「○○さん、これやってみない?」と、善意でよい話をすすめても、気にしすぎの人はなんだかんだ言って断る。

やらないとタイミングが遅れてしまうため、サイクルが遅れてしまうんです。だから、次々に仕事をしている人から見ると「この人は使えないな」となり、よい話も来なくなってしまうのです。

ですから、この「気にしすぎ」というのもまた、典型的な貧乏発想になります。

こういう「気にしすぎの人」の自己正当化として、「リスクのことを考えている」という言い訳があります。でも、実際にはたいしたリスクがないならやってみたらいいのです。

あなたが、「これ、きっといいんじゃないか」と思う新しいことや、あるいは誰かによさそうなことをすすめられたときにリスクを考えること自体はいいでしょう。しかし、**「たいしたリスクはないな」と判断したら気にしすぎずに、試しにテストでやってみて**ください。

いろいろ気にしていると、気にしているだけで一生が終わってしまいます。それでは、成功者とはほど遠い人生を送ることになってしまうでしょう。

成功者になるために 10

こまかいことを気にする

「気にしすぎ症候群」の人はそれで一生終わっちゃうよ、という話をしました。

ここでは逆に「気にしましょう」という話をします。

どういうことかというと、成功者はやたらこまかいのです。すごくこまかいことを気にする成功者が、いい加減にダラダラ生きている貧乏人と一緒になると、成功者が貧乏人に対し、「なんとかしてあげたい」とやさしい気持ちを出して教えてあげることがあります。

「ここがダメ」「あそこがダメ」「こうしなさい」「ああしなさい」とこまかく教えてくれます。しかし、貧乏人は、せっかくこまかく教えてくれているのに、「うっせーな」「そんなのどうだっていいだろ」「どっちだって一緒じゃん」と思って全然受けつけません。

うまくいっている人は、やたらこまかいですが、そのこまかさの精度が高いからうまくいっているわけです。しかも、その**こまかいことの一つひとつに意味がある**のです。きちんとした料理店もそうですが、ものすごくこまかい味つけをやっているわけです。言われている側からすると、「わざわざこまかい欠点をあげつらってイジメているんじゃないか」と疑い始めたりもします。それでも、成功者が教えてあげる場合には、何かしらの希望を見ているわけです。

ですから、成功者の話の中に、「そんなこまかいことはどうでもいいじゃないか」と思うようなことがあったとき、「ちょっと待てよ、これって実は成功者が本当に気にしていることなんじゃないかな」と耳を傾けてみてください。

世の中には、たしかにどうでもいいこまかいこともありますが、意味のあるこまかいこともあるのです。成功者は、そこの判断がしっかりしています。また、こまかいことほど頭を使いますから、適切にこまかく見ていくと、**頭もよくなって**いきます。

〔成功者になるために 11〕

楽しく待てる

待てる人と待てない人がいます。待つとイライラしてしまうので待てない人と、いつまでも楽しく待てる人です。

待てるようになるためにはポイントが二つあります。

一つ目は、**今を楽しむ**ことです。待っているときにイライラしてしまう人は、待っているあいだを楽しんでいません。だから、待っている「今」を楽しく生きる。これが一つ目のポイントです。

それから、待っているあいだ、「待っているものが来なかったらどうしよう」と不安になるとイライラしてしまう。しかし「**別にそれがなくても大丈夫**」という気持ちがあれば、イライラせずに待てます。これが二つめのポイントです。

実はこの「なくても大丈夫」というのは、すごく大事な話で、これを仏教の難しい言葉で言うと「**執着をなくす**」と言います。

この「それがなくても大丈夫」ができるようになると、「あなたがいなくても大丈夫」「あなたがやってくれなくても大丈夫」「あなたが来なくても大丈夫」というように、なくても大丈夫な生き方ができるようになります。

そうすると、なんでも楽しく待つことができるようになるのです。

成功者になるために⑫

「長生きしてほしい」と思われる生き方をする

人間の寿命が150年になる、200年になる、それどころか1000年になりそうだ、という話も出てくるような時代になってきました。

1000年ともなると、もはや神話の時代の再来みたいに感じます。

人間の寿命が延びていく可能性がかなり高いですが、寿命が長くなると、2極化（上側と下側の乖離《かいり》）がもっとひどくなります。

というのも、いわゆる勝ち組の人はどんどん勝っていき、負け組の人はどんどん負けていくからです。寿命が延びると、もっとものすごい差がついてしまうわけです。

たとえば、小学生だとみんなまだあまり差がありませんが、30代、40代、50代と、年を重ねると、どんどん差が開いていきます。

また、高度な延命医療は高額医療になっていくと思われます。するると、収入が低い人は、途中から延命医療が受けられなくなり、寿命の差が5倍、10倍に開く可能性が出てきます。


寿命が延びるかもしれない話をすると、「長生きしても大変だよね」「そんなに生きてたってやることないでしょう」と言う人がいます。

そういう人はさっさと死んでいただいてけっこうです。地球には人口が多すぎだと言われているのですから、そんな、生きることの価値を否定するような人間は生きていてもしょうがないでしょう。


逆に、生きる価値のある人には、もっともっと生きてほしい。たとえば、私がもっと生きていてほしかった人は、アップル社のスティーブ・ジョブズさんです。

アップル社の製品を使って、実際に私のライフスタイル、ワークスタイルは変わりました。その思想が私の生き方に影響があったという実感があるんです。

ですから、もしジョブズさんが３００歳、５００歳まで生きていたら、地上がもっとよくなったんじゃないかと思います。

今のように寿命が何倍にも延び得る時代の前に亡くなってしまった人で、「あの人にはもっと生きてほしかったな」と思う人が、あなたも思い浮かぶのではないでしょうか。

「あなたにもっと長生きしてほしい」「あなたがもっと生きてくれたら地上はきっともっとよくなる」と思われるような人生を生きることは、すごく意味があることだと思います。

延命医療の可能性がどうなるかはまだわかりませんが、仮に２００年、５００年生きられるとなった場合、老害になる人ではなく、１０００歳まで生きてほしいと願われる人になっていきたいですね。

成功者になるために 13

マイペースで進む

私は、マイペースは大事だと思っていますが、この「マイペース」を勘違いしている人を少なからず見かけます。

「マイペース」を、「ゆっくり進む」と解釈する人たちです。

今後しばらく、日本では、現状に肯定的な人がものすごく増えていきます。それが人々の自己正当化を助長します。そういう人たちばかりになってしまうと、さらに停滞します。「まわりを見て、同じ程度しかやらない」というのが貧乏人の特徴だからです。

現状に肯定的というのは一見よさそうですが、実はこれは典型的な貧乏発想です。

貧乏発想の多くはむしろ常識的なので、一見よさそうに感じられるものが多いのです。つまり、あちこちで聞くことですし、大衆性をもっているため、一見それらしく聞こえるというわけです。

逆に**成功者は、現状にはとんでもなく否定的**です。常に「これでいいはずがない」と思って、理想に向けて改革行動を起こし続けています。ですから、強烈に否定的なのです。

しかし同時に、ものすごく肯定的でもあります。それは現状に対して肯定的なのではなく、**「よくなりうる」という希望において強烈に肯定的**なんです。

よくなりうる、自分にはできる——強烈にそう信じているわけです。

一方、貧乏人は真逆で、現状には肯定的ですが理想には否定的で、「できっこない」「やれっこない」と考えます。

「私はマイペースですから」というのも、典型的な現状肯定的な考え方です。私の言う**「マイペース」とは、全力ということ**です。もちろん、全力といっても疲れ切って疲弊するような全力ではありません。
言い換えれば、あなたのパフォーマンス、あなたの貢献量が最大化されるという意味での全力です。

こう考えていくと、「マイペースってなんだ」「全力ってなんだ」「そもそもパフォーマンスってなんだろう、どういう状態がパフォーマンスが最大化される状態なんだろう」と突き詰めていくことになります。そして、「考えるためには勉強が必要だ」ということに気づいていきます。

私もこの種のことについては毎日考えています。サボっている人のことは無視して、あなたもマイペースで全力で生きてください。

成功者になるために 14

希少性という価値をもつ

価値をもつこと、価値を増やすことがすごく大切です。基本的に、価値をもっているものには希少性があるんです。

より正確に言えば、**お金を払ってでも手に入れたい価値には通常、希少性が伴っています。**

たとえば、私たちには空気が必須ですから、空気はものすごく価値があるものです。

青空も、ものすごく価値がありますし、太陽も、とてつもない価値があります。

でも、「お金を払いますか?」と聞かれたら、払わないですよね。

なぜなら、お金を払わなくても十分手に入るほどたくさんあるからです。

一方、希少性があるものを手に入れたい場合、それが売りものでなくても、「○○円払いますから、なんとか譲ってもらえないですか」となります。

以前、「オンリーワン」という言葉が流行しました。「世界で、君は一人しかいない。貴重な個性のある唯一の存在なんだ」みたいな歌が流行《はや》り、私は「大衆洗脳そのものだな」と思って聞いていました。

ここでいう希少性は、「あなたは世界のオンリーワン」といった話ではありません。「オンリーワン」などと言ったら、全員がそうなんです。ダラダラ、ゴロゴロして、心の中でどうしようもないことばかり考えているような人も、世界に一人しかいないオンリーワンなわけです。

それを肯定してしまったら、進化はないんです。

ですが、大衆的な人を喜ばせるために「そのままでいいんだよ」というわけです。「今のままのあなたでいいんだよ」と言われたら安心し、喜ぶわけです。

その代わり、それを受け入れる人たちは自堕落になっていきます。だから私も誰に向かって話すのかを考えて、言う内容を変えていくわけです。

私はあなたに、希少価値がある人になってほしいんです。

今のあなたの労働所得や資本所得がもし充分に伸びていないのであれば、「**ひょっとしたら希少性が足りないんじゃないかな**」と考えてみてほしいんです。

ここでいう希少性というのは、単に「稀だ」というだけではありません。単に稀な人なら、本当にひどいどうしようもないようなくだらない人だって世界に一人です。

そうではなく、**価値がある稀な存在**ということです。

あなたが今もっている価値のなかで、希少性がある部分、「こうやればより希少性を獲得して、自分の価値を上げることができる」というところを見つけてほしいのです。

価値があるにもかかわらず、ほとんどの人がやらないこと。それができるようになると、希少価値は出てきます。

あなたのこれからの人生をより輝かせるために、「希少性」について考えてみてください。

成功者になるために 15

家に帰ったら靴底を拭く

よく、「靴をそろえる」と言われます。

この「靴をそろえる」というのは、基本的には自分がどこかにおうかがいしたときの話だと思っています。自分の家で、靴をそろえて玄関に出しっぱなしにするのはちょっとイマイチだからです。

前にも言いましたが、出しっぱなしにするのは貧乏発想です。ですから、靴は靴箱にしまったほうがいいことになります。

私が今やっているのは、帰ったら靴底を拭く。具体的には、アルコールティッシュで拭いています。

私は、革靴を磨くのは帰ってきた時点で、出かける前ではないと考えています。これは「ニュートラルポジションに戻す」という考えがあるからです。すぐに使える状態にしておく。

外を歩いたのですから、靴底は汚れています。ですから、帰宅したらアルコールティッシュで靴底を拭き、それから靴箱に入れます。靴底を見るといろいろな物がついていますが、これは本来、自分の足の裏につくはずだったものを、靴が代わってくれたわけですから、今日の自分を支えてくれたことに感謝しながら拭きます。
「またこれからもよろしくね」という感謝の気持ちで拭き、ブラシや布で磨きます。全体をきれいにしてあげてから靴箱に収納する。

これは本当に当たり前のことですし、例にすぎませんが、**当たり前のことに頭を使ってどうするのがいいのかを考えていくと、あなたの生活がさらに整っていく**と思いますので、よかったら参考にしてください。

成功者になるために 16

汚れが目立つ服を着る

「汚れが目立たないからいい」ということで、濃い色や暗い色の服を買う一派がいますが、これも貧乏発想です。

汚れが目立たないからいいと考えるということは、汚れるだろうと予想しているということです。

しかも、「汚れが目立たないからいい」という発言の裏には、汚れたままで放っておこうという考えが見え隠れします。というよりも、明々白々に見えています。

この種の人たちの生き方は、汚れは放っておいて見ないフリをする、つまり、汚れが実際にあるかないかにはあまり関心がないという生き方です。

汚れがあっても、汚れが増えても、見なければいい。見えないのならあってもなくても同じだ、という考えの人たちです。

そう思って町の人たちを見ると、「この人は汚れが目立たないからいいと思って生きているな」とわかります。カバンがヨレヨレでも、靴が汚れていてもどうでもいいという考えで生きているな、ということがわかるんです。

そういう人と仕事の話をしていて「気合を入れてしっかりやります」と言われても、説得力マイナスです。

「汚れが目立たないからいい」という発想の人がこれを読んで、「あ、そうか、**汚れが目立つからいい**んだ。目立つほうがきれいにしやすいもんね。汚れは見えるかどうかじゃなくて、あるかどうかだよね。汚いものを覆い隠して生きる生き方はやめよう」と思っていただけたらうれしいです。

成功者になるために 17

毎日、「今日が最高の一日」にしてゆく

「最高の日って、どんな日でしたか?」「最高の一日って、いつですか?」という質問に、「彼女(彼氏)と出会った日です」「結婚式の日かな」「〇〇大会で優勝したとき」「大学に受かったときです」など、いろいろな答えが返ってきます。

このような答えはことごとく貧乏発想です。なぜかというと、みんな過去のことだからです。

過去の一日が最高の一日だったということは、今日よりよかったということです。つまり、その最高の日と比べると今日は落ちているわけで、それは下り坂の人生を生きているということになるから貧乏発想なんです。

もっと詳しく説明すると、**今日という一日が過去よりも下なのに悔しくない**、というところが典型的な貧乏発想です。

上に行く人は常に進化しています。

ですから、**最高の一日は今日でなければいけない**。だからこそ、**今日が人生最高の一日になるように挑戦し、毎日毎日生きる**わけです。

そして過去ベストを更新し続け、「今日が人生最高の一日だったな」と夜に思う。そしてまた次の日の夜には、「今日こそ最高の一日だったな」と思う。これをどこまでできるかです。

世の中には、「昔はすごかったんだぞ」と過去の自慢話をする人ばかりです。

そんな中にあって、稀なるよき人であろうとしているあなたは、人生最高の一日の最高記録の更新をめざしながら生きてください。

成功者になるために 18

変わるまで時間とお金を注ぎ続ける

成功者は、短期的な損得にはいっさい関心がありません。トータルで考える力、全体を考える力が非常に高いわけです。これは広い視野から考える、ともいえます。

一方、貧乏発想は、「今すぐよこせ」です。そういう極短期的な生き方をしているので、中長期的に積み上がっていかない人生を歩むことになります。だからこそ、貧乏のままなのです。

短期的な損得はどうでもいいことで、大事なのは、長期的に見てうまくいくのかダメなのかということです。短期的な損得を気にしている時点で、すでに中期的にダメになることが確定してしまうわけです。

「変わりたい。今のままでいたくない」と言う人が多いですが、変わるまで時間とお金を注ぎ続けることができないから、変えられないんです。

というのも、大きく移動しようとすればするほど、時間もお金もたくさんかかるのが通常だからです。変わる前に時間とお金を注ぎ続けるのをやめ、あきらめてしまう。

大事なことは、前に進むこと。「進化と提供」に時間とお金を注がず、どうでもいいこと、やらなくてもいいようなくだらないことに時間とお金を一生丸ごとというくらい全部注ぎ込むのが貧乏人のパターンです。

成功者に変わるまで、時間とお金を注ぎ続ける必要があります。

ただこの場合、注ぎ続けるわけですから、時間とお金が大量に必要になってきます。

ここで判断しなければいけないことは、ムダなのか、途中なのかです。

ムダだったらやめなければいけない。途中だったらあきらめてはいけない。

短期的な損得ではなく、続けていくことがムダなのか、それとも今は本当に途中でこれからうまくいくのか。そんな中長期的な視点で今を判断する。

何かをやるとき、初期段階ではリサーチコストやテストコストがかかるわけです。ですから、このリサーチ段階、テスト段階を超えるまでは時間とお金を注ぎ続けなければいけません。変わるまで、ビジョンの実現まで時間とお金を注ぎ続けることです。

ロケットも発射時にはすごいエネルギーが必要です。しかし余計なものを捨てて軌道に乗ったら、あまりエネルギーはいりません。万有引力という、目に見えない自然の力を活用することによって、軌道を動くという維持状態に入ることができるわけです。

このことを念頭に置いて、時間とお金をかけ続けるか、それともそのままでいるかを考えてください。

成功者になるために 19

「未来がもったいない」と考える

貧乏人の「もったいない」は、過去を向いています。
成功者の「もったいない」は、未来を向いています。

たとえば、「もったいない、もったいない」と言って、ガラクタを抱え込んでいるとします。ガラクタには物も人も事も含まれますが、それがなぜ抱えているかというと、手放すと失われる気がしてもったいないと考えているからです。

そうするとどうなるかというと、そのガラクタが人生の中で継続してしまうんです。継続するということは、これから先の将来、未来の中にも依然としてガラクタがあり続けることになるわけです。

今から先の時間を意識して、そこを見て生きている人からすれば、ガラクタをそのまま未来に持ち込むことは、未来がもったいない。

これから先に開かれている、素晴らしい可能性のある、美しい世界である未来の自分自身がもったいないということです。

未来という、これから先、今から先に可能性が拓かれている素晴らしい時間帯。この素晴らしさがもったいなくならないように、**今から先の未来をとにかく明るく楽しくしていく**。そう思って、これから先の今日というときを生きてください。

成功者になるために 20

環境デザインを意識して毎日を生きる

幸せに生きるためには、また自分自身の幸せを真剣に実現していくためには、勉強して頭をよくしていくしかありません。

残念な人たちは、本人は謙遜のつもりなのか、「いや、私、頭よくないんですよね」「頭、悪いですから」と、ヘラヘラしています。本当に変わっていきたいなら、「自分自身の頭をよくするために努力しています」と言うべきです。

しかもその努力をいやいやするのではなく、やりたいからやる。そういう状態になっていくのが大切です。

私たちが使っているインターネットもスマートフォンも、そうやって頭をよくしてきた人たちがみんなのために考えてつくってくれたのです。その恩恵を私たちは味わっているわけです。

「アフォーダンス」という言葉があり、さまざまな意味で使われます。

たとえば、ドアの形をしているものに突起物があったら、「これを回せば開く」と思いますよね。そういう、伝わってくるメッセージ。それをここではアフォーダンスと呼びたいと思います。

友人の家に行っていい感じのソファーがあると座りたくなりますが、それは「座りうる」というだけではなく、「座りたい」という気持ちまで喚起されるからです。ここに注目してください。

これを利用すると、暮らしやすい街、歩きやすい道路、移動しやすい建物などを考えることができます。構造のおかしい建物だったら、目的の部屋までどう行っていいか、わからなくなるでしょう。

環境デザインを考えるとき、そもそも私たちにとって環境とは何かということを考えるわけです。私たちはまわりを見渡すとき、表面を見ます。その表面が認識しやすいとスムーズに動ける。だから、表面形状がわかりやすいメッセージを伝えてくるように環境デザインをするわけです。

イスがあると座りたくなる。これを発展させていくとどうなるでしょう?勉強したくなる、仕事したくなるような環境デザインも可能ではないかと考えられます。

これを逆に考えると、**あなたがやろうと思っていることを、今のあなたの環境が邪魔している**かもしれません。その環境とは、物や人の場合が多いと思います。そんな厳しい環境の中でも、「自分の気持ちさえもっていればなんでもできる」というのが古いタイプの精神論、根性論ですが、単純化が過ぎていると思います。言うならば、非現実的な発想です。

しかし、環境は私たちから独立したものではありませんから、はたらきかけて変えることもできます。また、環境も私たちに影響を与えているという関係になっています。

ですから、ひどい環境の中でがんばることも大事なときがあるとは思いますが、いつまでもそれだけではなく、**変えられそうな環境は変えていく**べきです。

どう変えたらいいのかを知るために、勉強したり、観察したり、考えることが役立ってくるわけです。

ですから、ちょっとでも改善できるところがあればほんの少しでもいいので、現実にあなたの環境デザインを改善してみてください。

成功者になるために 21

自分がラストの場所を探す

貧乏人は、自分より下の人がいると安心します。

「よかった、自分が最後じゃない」と安心するわけですが、それでは永遠に貧乏なままです。

成功者は、自分がラストの場所を探しています。自分がビリッケツ、自分がいちばんできない、自分がいちばんダメ――そういう場所を探しています。

つまり、自分よりもできる人、自分よりも上の人間を探して生きているということです。

成功者の考え方としては、「**自分より下の人を見つけたら危ない**」と思うわけです。

「こんな場所にいたらいけない。もうこんな場所はさっさと飛び立って、もっと上の世界に行かなくちゃ」と考えるんです。

「こんなところにとどまっていたら、私の進化が遅くなる」と焦るわけです。

常に自分より上の人、自分より強い人、そして真剣勝負で生きて追い抜き、追い抜いたらまた上に行くということの繰り返しです。

ですから、「いや〜、私なんかまだまだですよ」などとわざわざ謙遜する人は、基本的にどうしようもない人です。

謙遜するのではなく、「自分がいちばんダメだな」と思えるような場所に行き、そこで振り落とされずにがんばって上に行く。そこで「自分よりもダメなやつがいる」と感じるようになったら、またもっと上の場所に行く。この繰り返しです。

自分がラストではないから安心するのか、自分がラストの場所を探すのか——どちらの生き方が自分を向上させていくのかは、自明でしょう。

そういう生き方をしていると、あなたのまわりにもチラホラとそういう人が見当たるようになってくるはずです。しかし世の中は、自分がラストの世界を追い求めるどころか、下を見て安心し、真剣に向上するよりダラダラゴロゴロしていたいという人が大多数なんです。

もしあなたが向上心のある人なら、自分がいちばんみっともない世界、自分がいちばんできない世界を探してください。そしてめげそうになっても、めげずに向上して昇っていく。昇ることができて少し追い抜いたと思ったら、再び自分がいちばんダメな世界を探します。

もちろん、そこは、素敵な世界です。そして、その素敵な世界を汚す存在になるのではなく、その中で、さらにあなたは向上し、その世界の美しさに貢献するのです。

自分がいちばんダメな世界に行って、上へ上へと昇り続ける。それが、いつまでも進化し続ける秘訣だと思います。

成功者になるために 22

場を高めるオブジェになろうとする

自分がラストの場所を探すとき、とても大事な心がけがあります。それがこの、「場を高めるオブジェになる」ということです。

貧乏人は「お金に力がある」と思っています。ですからたとえば、一生懸命お金を貯めて高級レストランに行ったときの貧乏人の考え方は、「お金を払ったから何を言ってもいい」です。

お金に力があると思っているから、そう発想するわけです。

もちろん、お金に力がないなどということは当たり前のことで、「あなたは札束でほっぺたをパンパン叩かれたら言うことを聞くんですか？」ということです。普通はそんなので言うことを聞きませんよね？

お金に力があるわけではなく、力がある人にお金が集まってくるという当たり前のことがわかっていないわけです。

貧乏人はお金に力があると思っていますから、高級レストランでも「金払ってるんだぞ」という顔や態度をします。

そうではなく、あなたをオブジェ、物体として考えたとき、**その場の雰囲気を高めるような存在になっているかどうか**です。

それは体型や服装、声の質や所作など、いろいろあるでしょう。自分がいちばん下であるような場所に入っていきながら、かつ、場を高めるオブジェであろうとする――。そこには矛盾が発生します。この矛盾を乗り越えていく力こそが、まさに上昇のエネルギーです。

この矛盾のつらさを喜びながら上に行くのが、成功者の生き方です。

場を高めるオブジェになる。今日、これからあなたが出かける場所で、場を高めるオブジェになりましょう。そして、そこにいる人たちが「ああいう人が来ているなんて、ここは素晴らしい場所だな」と感じてもらえるような一日を生きてください。

成功者になるために 23

高いアベレージ効果をめざして動き続ける

人間は、「平均値に収束する力を受ける」というアベレージ効果の影響を受けます。この「アベレージ効果」、あるいは「アベレージの法則」は、人生の秘訣といってもいい内容です。

人生には、目に見えない力、目に見えない法則がはたらいています。これを「真理」と言い換えてもいいですが、それをどう認識して活かすかが、人生に差をつけるポイントです。

たとえば、日本に住んでいて「お金がない、お金がない」と言っている人でも、世界の平均から見たら、けっこう上のほうにいるわけです。これはなぜかというと、アベレージ効果がはたらいているからです。「お金がない」と言っている人でも、世界平均よりも上の集団、つまりこの日本にいるからです。
要するに、特にがんばるわけでもなく、普通にしているだけでも平均値に収束していけるということです。その意味で、上の集団にいるということはそれ自体が特権だからこそ、特権階級という言い方があるわけです。

貧乏人は「今いる場所でがんばるんだ」と言って、その場で足踏みし、ハーハー言ってずっと同じ場所にいるわけです。あるいは「どうせやったってムダなんだ」と寝転がって、ずっとその場所にいる。

一方、成功者は上に昇り続けていくわけです。ということは、**自分に向けて高いアベレージ効果が起こるような集団が自分の環境になっていく**わけです。そして、その環境から移動し続ける。

ですから、一般的に野心がある人というのは、地方から東京に出てきたり、日本からアメリカに行くといったことをするわけです。

よりよいアベレージ効果をめざして動き続けるのが、成功者なのです。

成功者になるために 24

「よし、次は○○になるぞ」と考える

成功者の背後にはどういう世界観があるかというと、「下向きの力と上向きの力」です。ものすごく簡単に言ってしまうと、神と悪魔、闇と光です。

この二方向の風が、宇宙に流れていると想像してみてください。

上に行っているつもりで下に行ってしまうのが、貧乏人です。下に行こうと思って下に行く人は実はあまりおらず、「自分は下に行くんです」と言っている人も、心の中では「いや、本当は上がいい」と思っているものです。

ここで大切なのは、あまり上をめざして夢想しているのは、実は闇の力の影響だということです。それは、下向きの力なのです。

一方、成功者は「**よし、次は〇〇になるぞ**」と考えます。あるいは、「よし、次は〇〇をするぞ」です。「次は〇〇」というのは、**近未来に達成可能、実行可能なこと**です。やればできる、やれば達成できることです。

何かスキルを身につけるとき、たとえば簡単な例でいえば、片足立ちで目を開いたままもう片方の足を前後に振る。それができるようになったら、「よし、じゃあ次は目を閉じてやってみよう」というように、「よし、次は〇〇をやってみよう」と、次のことに挑戦する。

今の達成、上に上がっていることを喜びながら、次への期待にワクワクしつつ一歩一歩、ちょっとずつ上に上がり続ける、ということをひたすらやればいいだけです。

「そういう生き方はいいな。私もやってみよう」と思う人がいたら、何かを達成したときに、それで満足せず、「やったぞ。よし、次は〇〇だ」「よし、次は〇〇をやってみよう」と、一歩ずつ一歩ずつ楽しみながら、グイグイ上に行きましょう。

この充実感を味わい続けることで、楽しく生きていけるのです。

成功者になるために 25

「石の上にも三年」ではなく「石の上でも三年」

私は小さい頃から、ことわざや格言の再解釈が好きです。

貧乏人は、自分の頭で全然考えないという不思議な性質をもっていますから、間違っていようが、不幸になろうが、苦しくなろうが、小さいときに言われたことを信じ込んで、そのままです。

貧乏発想の中に「ここでがんばる」というのがあることは、前に話しました。

とにかくここで踏ん張って、苦しくてもがんばって、ここで成功してから次に行く、というのが貧乏発想で、それでは動きが遅くなってしまうわけです。

「ここでがんばる」と言いますが、そもそも「ここ」が人生の阻害要因なのだとしたら、最初からうまくいかないでしょう。

いくら川で洗濯しても、上流の人が川に汚物を流し続けていたら、何度やってもきれいにならないわけです。

そういうことがわからないのが、貧乏人です。「おかしいな。何度洗っても、どうして服がきれいにならないんだろう」と言いながら生きているわけです。

しかし、この「ここでがんばる」という発想は、多くの人が肯定的にとらえているようです。それは何がきっかけなのか考えたところ、複数のきっかけを思いつきました。その一つが「石の上にも三年」という有名な言葉です。

この「石の上にも三年」を貧乏人が解釈すると、「石は座っていてつらい場所のたとえだ。座っていて固くてつらい、お尻が冷たくてつらい。でも、そんな石の上にも三年間座っていると、いいことがある」となります。

これは少し冷静に考えてみてほしいのですが、石の上に三年座っていたら、本当にいいことが起こるのか、ということです。

こう言うと、貧乏人は「いや、それはたとえですから」とすぐ反論しますが、私が言わんとすることをわかっていません。

たとえにも、わかりやすい「いいたとえ」と、わかりにくい「悪いたとえ」があります。

石の上など居心地の悪いところにただいるだけでは、力がつかないですよね。

もし石の上に三年間座っているのではなく、三年間毎日腕立て伏せをしていたら、あるいはスクワットをしていたらどうなるかということです。

三年間毎日走り込んでいたら、三年間毎日専門書を読んで勉強していたらどうなるか。

私自身はどう思っているかというと、まずこの居心地が悪いというたとえの石であれば、そんな石の上には3秒か0・3秒いて、居心地が悪いと気づいたら逃げるべきだと考えています。それどころか、居心地が悪そうだったら最初から避けますし、座りません。

そういう意味では、座るのであればイームズやマラルンガがいいです。

一方、「石の上にも三年」を成功者はどうとらえているかというと、あえて言えば**「石の上でも三年」**です。

この場合の石とは、堅牢であること。安定感がある居心地がいいところという意味です。

たとえば、山道を歩いていて歩き疲れて、座るところはないか探したら石があった。腰を下ろしたら、「あー楽だな、座りやすい石だな」という石です。

その「石」は気に入った住処《すみか》かもしれませんし、現在うまくいっているビジネスかもしれません。そんな居心地のいい石の上でも三年もいたら充分だから、新しい世界に向かってまた歩き始めよう、そういう意味だと考えています。

ことわざは、解釈する人で意味が大きく変わるのです。ですから、貧乏発想ではなく、成功者の発想で物事を見るようにしましょう。

成功者になるために 26

「やめる人」「継続する人」より「変わる人」になる

やめる人というのは、今続けていることを続けられない人です。そしてやめたあとはサボっている人です。こういう人はさらに下のレベルに落ちていきます。

ただし、これまでやっていたことが悪いことだった場合は、それをやめれば落ちていくペースを弱めることができます。

継続する人というのは、今やっていることを続けていく人です。この種の人は今のレベルに留まり続けることができます。

変わる人は、今やっていることをやめて新しいことをやっていく人です。その「新しいこと」の内容が悪ければ落ちていきますし、内容がよければ上がっていくことができます。

やめる人、継続する人、変わる人のうち、**人生の階段を上にのぼって行くことができる人は、「変わる人」だけ**です。

しかも、今やっていることをやめたあとに新しくやることが、過去の自分の状態を超えていなければなりません。過去の自分だったらやれなかったような、やりたくなかったようなことをやる。そしてさらによいことをやり始める。

世間ではよく、「継続が大切」と言います。しかし、これまでの自分にこだわって、ただ続けるだけでは、上には行きません。今の段階に留まり続けてしまうでしょう。もし時流に合っていないことを続ければ、むしろ落ちていきます。

こういうことが理解できていないため、がんばっているつもりなのにうまくいかない人がたくさんいます。「継続」というだけでは考えが足りず、頭が悪いということです。

あなたも**やめるべきものをやめ、続けるべきことを続け、はじめるべきことをはじめて上をめざして変わっていって**ください。

成功者になるためには、

- 今の自分の価値基準の中で、本当にいいものをもつ
- 一つひとつのことを丁寧に、高品質にやっていく
- 今の喜び、今の幸せを確保したうえで、未来に備えていく
- 考え方を美しくしていく
- 自分に喜びをもたらす、近い未来に達成できそうなことをイメージする
- 貧乏人と距離を置く
- 「全体的ヘルプ」を念頭に人と接する
- 大切にしたい人を陰に日向に助ける
- 小さいリスクを気にしすぎず、試しにやってみる

・こまかいことを気にする
・待つことも楽しむ
・「もっと長生きしてほしい」と思われるように生きる
・「マイペース」という名の全力疾走をする
・自分の希少性を磨き、価値を上げることをめざす
・帰宅後、きれいに靴を磨く
・汚れが目立つ服を着る
・毎日、「今日が最高の一日」と思えるように生きる
・変わるまで、時間とお金を注ぎ続ける
・今から先の未来をとにかく明るく楽しくしていく
・変えられそうな環境は変えていく
・自分がラストの場所を探す
・その場の雰囲気を高めるような存在をめざす

第４章のまとめ

・常に平均値の高い「場」に移動してゆく
・次にやることに目を向ける
・居心地のいい場所に安住しない
・やめるべきものをやめ、続けるべきことを続け、はじめるべきことをはじめていく

おわりに

本書で、貧乏人について、いろいろ書いてきました。

最後に、「運」について触れておきます。

「貧乏人とは、運が悪い人」「成功者とは、運がよい人」とも言えるからです。

もちろん、貧乏な人を見て、「あの人は、運が悪い」と言うだけであれば、運について考えても、あまり意味がありません。逆に、成功者を見て、「あの人は、運がよい」と言うのも同じです。

それでは、後づけにすぎず、現状を変える力をもたないからです。

ひとことで言うなら、**運とは、あなたを運んでくれる流れ**です。

たとえば、タンポポの種は、風に乗って飛んでゆきます。この「風」が運です。

そして、実は本書は、全体を通して、この「運」について論じたものといえます。

貧乏人は、「開運グッズ」などをよくもっています。では、それで、本当に運がよくなるでしょうか？　あなたを運ぶ力に、変化が起こるでしょうか？

あなたは、開運グッズを抱え込んでいる人を見て、その人と、どう接しますか？　もし、その人が開運グッズをもっていない場合と比べて、変化が生じるでしょうか？　おそらく、接し方や、その人への感想は変わると思います。ということは、「開運グッズ」は、実際に運に影響を与えます。ただし、それが「開運」につながるかは別です。
次に、さまざまな要因と運の関係を考えてみましょう。

学歴と「運」……一般の人が、いい大学をめざす主要な目的も、「運をよくすること」なのです。たしかに、出身大学が異なれば、「運」に変化が生じます。同じ職場にいても、どこに動いてゆくのか、まわりからの判断が変わりますので、運が変わることがわかると思います。

美貌と「運」……見た目が美しいかどうかも、運に影響を与えます。まわりの人の反応が変わるからです。

時流と「運」……自分の状態だけではありません。今、時代はどちらに向かっているのか。もちろん、時代の流れに沿ったほうが運はよくなります。

チャンスと「運」……さらに、自分のまわりに与えられている機会を見て、それらのうち、自分をよい方向に連れて行ってくれる機会を選べる人。このような人は、運がよい人です。

風を見て、よい風を見抜き、その風に遊ぶ鳥のようです。

相場と「運」……上昇トレンドのときに買えば、そのまま、努力なく、利益を出すことができます。成功発想です。下降トレンドのときに買ってホールドしていたら、塩漬けになり、損失が拡大し、資金が拘束されます。貧乏発想です。

トレンドがどちらなのかを見抜く力が、運のよさを決めます。

このように考えると、「運」というものを、より現実的に理解できると思います。

一方、貧乏人は、運を現実のものとしてではなく、単なる願望の投影として捉えているのです。

なぜなら、運は、目に見えないからです。

運には、偏差値のようなわかりやすい指標がありません。また、容姿のように、見てすぐわかるようなものでもありません。ですので、貧乏人は、運について、まともに考えることがないのです。

せいぜい、「あの人は、運がよい人だ」と嫉妬するくらいです。運の実体とは何で、どうすれば自分の運をよくできるのか、まともに考えることがありません。

先ほど、学歴や美貌について書きましたが、面白いのは、**いわゆるいい大学に行くのが運がよいとは限らない**ということです。美人が運がよいとも限りません。

それなのに、貧乏人は、むしろ学歴などに注目します。「運がよくなりそう」だから注目するわけですが、肝心のところがわかっていないので、結果が出ません。

成功者が、あまり学歴などにこだわらないことが多いのは、むしろ、この「運」のほうが重要な要素だと知っているからです。

本書のタイトルにもあるように、東大卒でも貧乏な人がいる一方で、高卒でも成功している人がいるのは、ここに原因があります。

今からでも遅くありません。いえ、むしろ、私たちは、今に生きるしかありません。

今、どう判断して、今、どう行動するかです。

努力してもうまくいかない人の多くは、この「運」の要素を理解せず、がむしゃらにやっています。

がんばっているつもりでも、本書で紹介しているような貧乏人の行動を、あちこちでやってしまっているので、運がよくなりません。だから貧乏のままなのです。

本書で触れた貧乏人の特徴や口癖を参考に、それらを改め、あなたが成功者へと近づいていくことを願っています。

吉永賢一

※本書のもととなった音声講義『吉永賢一のフリートーク』(２０１７)は、吉永賢一公式メルマガ(http://e-zine.jp/)、吉永賢一公式ＬＩＮＥ＠(ラインアット)(http://lineat.club/)から入手可能(無料)。

◆著者紹介◆

吉永賢一（よしなが・けんいち）

実業家、投資家、教育者
東京大学医学部家庭教師研究会代表。IMC 株式会社代表取締役。日本メンサ会員。

1971 年群馬県生まれ。

1991 年東京大学理科 III 類入学に伴い上京。居候生活から始め、学費捻出のために家庭教師のほか、10 種以上の職業を経験、生きる道を模索する。2005 年東京大学医学部医学科退学。NHK BS2、TBS テレビ、テレビ東京、ラジオ日本などに出演。『THE21』『日経ウーマン』『SPA!』『プレジデントファミリー』等、雑誌掲載多数。

著書『東大家庭教師が教える』シリーズ（KADOKAWA）は累計 20 万部を超え（電子版含む）、中国語版、韓国語版、台湾語版なども発行されている。そのほか『東大家庭教師の結果が出るノート術』（あさ出版）、『CD 付 東大家庭教師の必ず結果が出る英語トレーニング』（学習研究社）、『東大家庭教師の子供の頭が良くなる教え方』（青春出版社）など。現在は、年間の３ヶ月程度を海外で過ごし、セミナー開催、インターネット上での各種教材販売、テクニカルトレードのツール開発・販売などを行っている。

東大卒でも貧乏な人 高卒でも成功する人

2018年8月21日　初版発行
2018年9月19日　3刷発行

著　者　吉永賢一
発行者　野村直克
発行所　総合法令出版株式会社
〒103-0001 東京都中央区日本橋小伝馬町15-18
ユニゾ小伝馬町ビル9階
電話 03-5623-5121
印刷・製本　中央精版印刷株式会社

ISBN 978-4-86280-635-2
総合法令出版ホームページ http://www.horei.com/